作文课

让创意改变作文

谭旭东　著

中国人民大学出版社
·北　京·

前言

坚持写，让创意变成一种习惯

这些年，我一直关注语文教育和作文教学。做了几件事：

一是以作家的身份，经常应邀到中小学校里讲语文教与学，也讲作文课，还谈文学创作，启发一些老师和学生爱上阅读，爱上写作，爱上语文。近五年，我在全国各地做了几百场阅读和作文讲座，受到了广泛欢迎。也因此，写了几本指导中小学生读写的书，还主编了几套作文书。

二是以儿童文学专家的身份，应邀给一些语文教师培训班和各地家长讲儿童阅读、亲子教育和儿童文学讲座，指导他们理解语文课，理解儿童文学，认识亲子阅读和家庭教育的重要性，还给他们开列了一些书目。

三是担任北京师范大学附属学校的语文教育顾问，领衔“中国儿童阅读提升计划”项目，带领一个团队，到北京师范大学各附属学校和广州市、福建福清市、河北曹妃甸以及河南洛阳市等地的学校，指导语文教育教学，构建校园书香文化，取得了很好的实效，带动了一批语文教师。

2018年，我从北京调到上海，在上海大学担任创意写作学科教授、博士生导师，还先后成立了儿童文学研究中心和语文教育研究中心，主持系列创意写作和儿童文学专家讲座与论坛，产生了很好的反响。在繁忙的教学与研究之余，我继续在思考和实践语文教学改革特别是作文教学改革的课题，准备在长三角地区定期开展语文教育论坛与创意作文研讨活动，从理论和实践两个层面来开展研究与写作，以期推动基础教育。

在多年的语文教育和作文指导的实践中，我发现，大多数孩子在语文学习特别是作文方面都存在以下三个问题：

一是缺乏读书的习惯。很多人不爱读课外书，更少接触经典，习惯于做容易做的事，不喜欢啃有难度的经典作家作品。没有好的读书习惯，读书太少，就不可能有语文底子，孩子的作文也很难有话说。

二是缺乏写作的习惯。有些孩子底子很好，就是动笔少，没有通过写作让心灵变得愉悦。有想法，有感受，最好要动笔。多写，爱写，文字自然会越来越流畅，语言自然会越来越丰富，作品也自然会越来越优美。

三是缺乏创意的习惯。创意就是创造、创新，就是要使自己的文字与别人的不同，就是要让文字的形式和内容变得不一样，给人新奇感，甚至给人惊喜、震惊的效果。如果大家都按照固定的模式写，用一样的语言，用一样的构思，用一样的故事，那就麻烦了。

在与语文老师、家长和孩子的交流中，我也发现很多人对作文有三个认识上的误区：

一是按照范文写。一开始学作文就按照范文写，其实并不好。初学作文时，应该写爱写的，写想写的，写能写的，先练笔，先培养兴趣；有了兴趣，爱写了，会写了，那时候再来看一些范文，读一些高手的文字，学习一些基本的考试作文套路，就会觉得容易多了，也不那么令人生厌了。

二是平时作文按照考试要求写。平时作文要以练笔为目的，如果平时作文都按照考试要求来写，那就会非常无趣。语文老师和家长要有意识地让平时的每一次作文都不刻板，都灵活，都有变化，这样既避免了无趣，也容易让学生形成对作文的更多感受力。

三是把作文当作学习。其实，作文是一种文字游戏，也是一种创意生活，所以把作文看成一种生活习惯更有意义。当然，创意的生活，就是要摆脱单一的形式的束缚，要使生活更加丰富多彩。因此，创意作文更多的需要提高认识，而不是技巧的问题。

读书是为更好的生活奠基，作文也是表现自己的最省钱也最省力的方式。让“创意”改变作文，学会并写出创意作文，那样会更快乐、更有成就感，也更能显示自己的智慧。

这本书第一篇的“作文31课”，是我之前写的与作文相关的短文的结集，看似松散，其实是有体系的，因为我在写的时候，就注意到了要在多方面来启发学生的作文思维，并有意识地给出具体有效的方法。第二篇是我指导过的一些学生的作文，都加了点评。第三和第四篇是我和女儿的作文，相信对读者会有帮助。

《作文课：让创意改变作文》倡导一种理念，即作文并不需要通过刻板的学习和练笔来学好，而需要通过培养更多的感受力和创造力来实现目标。

这本书适合小学生和初中生阅读，当然，也适合语文教师和家长阅读，对培训班的老师而言也是教学的好帮手。

谭旭东

2019年4月于上海大学

目 录

第二篇 优秀作文例读 /119

第三篇 爸爸的作文 /159

第一篇
作文 31 课

2017 年冬，《东方少年》杂志王庆杰老师约我给该刊开一个专栏，谈作文。我说就叫“作文 12 课”吧。于是，2018 年，《东方少年》刊出了 12 篇我写的专栏。这里的 31 课，不但包括了《东方少年》杂志刊出的 12 篇，还包括《语文报》《作文导报》等报刊发表的谈作文的 19 篇。

之前，我写过很多谈作文的短文，也点评过上千篇孩子的作文，在全国 100 多家少儿报刊发表。这 31 课，虽然有的篇目之间内容有一点点重合，但整体来看是一个体系，足以让小学生和初中生领悟作文的奥妙，理解作文和文学之间的联系，也可以启发语文老师的作文教学。

民国时期很多大学教授都关注语文教育，都给孩子写过东西，有的还会教作文。这 31 课，算是我的一个尝试，从大学文学教育、创意写作教学到中小学语文特别是作文教育，我想是可以打通的。

爱上作文，会作文，有写作能力，是可以通过有效的练习培养出来的，也是坚持和努力的结果。

第 1 课　如何培养写作兴趣

做什么事情，最好都要有兴趣，这样做起来就容易，做起来也快乐。

写作，也要培养兴趣。特别是对小学生、初中生来说，培养写作兴趣，让他们爱上写作，把写作当成一种生活和学习习惯，是非常有价值的。写作兴趣浓了，写作习惯有了，到了高中，作文就会变成一件很容易也很快乐的事。

如何培养写作兴趣呢？

小时候，我也曾和很多人一样怕写作文，特别是语文老师布置命题作文时，心里还有些抵触。但对写作不再反感和畏惧，是在开始大量阅读经典之后。当我读得多了，对文字理解度高了，能够对深奥的文字心领神会了，就不再害怕作文，反而很羡慕那些会写作的人，也产生了写作的欲望或者愿望。所以，大凡爱写作的人，都经历了经典的阅读，都体会到了读好书的快乐。语文老师和作家们在谈作文时，也反复强调要多做课外阅读，要扩大阅读量，要亲近经典，也是这个道理。

但我们平常也会看到，有的人读了很多课外书，甚至是什么都读，读得很杂，读的时间也很多，但就是不爱写、不会写。难道是课外阅读对写作没有直接作用吗？不是的。像这种情况，通常是读书的态度有问题。有些人什么都读，但只是为了消遣和猎奇，为了打发时光，这种不自觉的阅读，虽然可以让一些人积累很多吹牛皮的知识，给人“见多识广”的印象，但没有真正体验到读好书之乐，更没领悟到经典之美。其实，要培养好的读书趣味，就要沉下心来读名篇、经典，读有难度又很精美的文字。泛泛而读，什么都浏览，看起来博览群书，实则是浮光掠影。消遣性的阅读很难达到修心养性的目的，也很难培养纯正的趣味。所以，阅读趣味的提高，是写作兴趣提升的前提，因为写作在某种程度上，就是在向美的文字致敬。一个人没有对经典的信任，没有对美好文字世界的敬畏，又怎么会去写作呢？

因此，要培养写作兴趣，除了爱读书、读好书，还要培养纯正的阅读趣味，让好文字进入自己的心灵世界；只有好文字，才能激活人的思维、思想，才能唤醒人的审美创造的潜能。所以，要坚守经典的品格，要相信经典的力量。在此认识的基础上，我建议小学生、初中生要注意三个方面。

第一，尽量读中外文学名著，尤其要多读中外名诗。

先读短小精美的文字，逐渐再读长篇名著，慢慢地，你对经典的兴趣会越来越浓厚。小时候，我特别爱读欧美名诗，也会抱着厚厚的一本《唐诗鉴赏辞典》读，还读了很多五四作家的美文，现在想来，收获很多。

第二，读写结合，一边读好书、读名篇，一边练习写作。

可以写随感，可以写短诗，也可以写小故事。好文字是练出来的，不要相信什么都得靠天才。

第三，读书和写作都需要交流。

读了好书，可以和别人分享，通过分享，可以促进理解，获得新的认识和看法。写了短文和小诗，可以拿给同学看看，一是分享写作的快乐，获得认同；二是可以接受建议和批评，使自己的写作能力得到提高。

总之，要学会写作，先要培养兴趣，兴趣是最好的老师，是写作的原动力！

第 2 课　每个孩子都可以成为作家

小时候，语文老师告诉我们，作家是很了不起的，只有那些有语言天赋的天才才可以成为作家。那时候，我们这些学生都不会作文，也害怕作文，的确觉得作家了不起，好像当作家是一件高不可攀的事。

上大学时，我也认为作家很了不起。大学里对我最有吸引力的讲座，就是诗人、作家讲座。记得那时候，学校邀请了一些省市报刊的编辑和几位出了几本书的作家，来给学生讲文学、讲读书，我次次必听，而且对这些出了书的作家充满虔诚的敬畏。

但随着自己读书增多，也随着自己对文字理解的加深，特别是后来自己做了大学教师，才真正感觉到，写作其实并不难，而且当作家也没有那么神圣。我甚至认为，人人都可以成为作家，每一个人都能学会写诗。英美国家把大学生会写作当作通识教育的一个最基本的目标，即人人要会写作、会表达，至少要会写调查报告和研究论文，这是最基本的要求。的确，在今天的环境和条件下，学会写几篇文章、讲几个故事、写几首小诗，并不是件神秘莫测的事。

讲一讲我做出这个判断的三个理由。

第一，单纯从作文的角度来讲，其实作文并不难。

小学生写三四百字的作文，初中生、高中生写 600～1000 字的作文，都不是一件很难的事。按照教学大纲的要求，小学毕业学会写 400 字的作文就可以了；初中毕业写 600 字，高中毕业写 800 字作文，这其实都是很低的要求。动笔写一下，只要讲一个小故事，发表一点看法，表达一个观点，就够 400 字了。因此从字数和篇幅来看，其实是很容易做到的。关键是，很多孩子并没有掌握组装文字的规律和技巧，因此，背诵和记忆了几千个汉字，却不会把它们组装成有趣的句子，也不能把这些有趣的句子组装成一个小故事、一篇短文章。所以，我觉得问题不在孩子身上，是语文教育和作文教学存在问题，语文教师没有把作文的规律和技巧传授给学生。根据这些年我指导小学语文教育教学的经验，引导小学一二年级的孩子写百字日记、百字微童话，在此基础上，引导小学三四年级的孩子写 200 字以上的故事，让他们通过故事来传达观点、表达看法，这是很容易的。然后再引导小学高年级的孩子写 400 字以上的各类作文，也就顺理成章，水到渠成。作文是语文学习的一个部分，但作文不是背诵出来的，而是写出来的，有了好的写作习惯，愿意循序渐进地学会讲故事，找到了窍门，作文是很自然就可以完成的学习任务。

第二，从语文教学和作文的关系来看，作文问题是可以解决的。

目前，我国语文课程包括语言和作文两块，语言就是学习拼音、字词、讲课文，作文就是写记叙文、议论文和说明文，而且以命题作文为主。在国外的中小学课程中，语言和写作是分开的。语言课程就是学习语言，重点在于交流和实用。写作主要是培养文字的表达力和创造力，而且也不是写记叙文、议论文和说明文的模式作文。所以，语文学习的自由度和空间是很大的，教师不太限制学生的想象力和创造力，反而极大地鼓励学生去想象、去创造、去求新、去求异。于是，他们的语文学习没有我国现有的语文那么刻板，学生自由发挥潜能的空间很大。但不管国外的语言和写作课程优势如何，我们都要立足于中国的语文课程实际。要提高学生的作文能力，只要解决好语文和作文两张皮的问题，就能使语文课对作文产生很大的帮助。比如，现在语文课文并不是记叙文、议论文和说明文三种文体，但作文却是这三种文体，学生学了课文，却不能从课文里找到作文的示范，怎么办？如果语文教师在讲课文时，告诉学生，课文里是怎么讲故事的、是怎么表达观点的、用了哪些修辞、哪些地方有不足，可能比单纯地归纳段落大意和中心思想更能引导学生掌握语言规律，学会作文。

第三，从阅读的角度看，作文也不难。

过去，无论农村还是城市，孩子的家庭阅读和课外阅读大多是空白，很多孩子入学前几乎没有享受过亲子阅读的快乐，而且很多孩子入学后也很少读到好的课外书。在那种情况下，单纯的语文课是很难一下子提高学生的语言能力和作文水平的。尤其是在语文教师专业素养不太高、学校没有图书馆的情况下，学生更难以学好语文特别是作文。但现在情况变了，大部分孩子有了课外阅读的条件，尤其是城市里的孩子，完全有自主阅读的能力，如果多多鼓励他们读课外书、读经典、读适合他们读的好文字，那么，他们完全可以在语文教师的恰当、科学的指导下，迅速掌握作文技巧，学会作文。

非常欣喜的是，现在各地有不少小作家组织，补充了学校语文教学的不足。如山东菏泽小作家协会成立后，举办了各种写作培训及提高孩子们写作兴趣的活动，有数千个孩子参与课外写作。我去过青岛，那里有一位叫张吉宙的作家组织了小作家协会，并定期举办读书会和写作讲座。我和金本、曹文轩、张之路等都曾被邀请过去，为他们做讲座。通过参加小作家组织，孩子们有了比较专业、敬业的老师的指导，加上前面几种问题的解决，我相信，他们更容易由不会读书作文到能读善写。有效的阅读和写作指导，完全可以使语文学习和写作变得更容易。只要找到了问题，然后努力去解决问题，就没有什么可抱怨和害怕的。

所以，我认为人人可以成为作家，写作不是作家的专利，而是每一个文明人的自由和权利。

孩子们，拿起你们手中的笔，多写，写出精彩的故事，写出优美的诗篇，写出你们看到的一切，也写出你们的想象力世界吧。学好语文，爱上写作，成为作家，快乐多多，收获多多！

第 3 课　写作是读书的最好结果

2018 年春节前，我第三次应邀参加全国青少年冰心文学大赛颁奖典礼，与冰心先生的女儿吴青教授一起和孩子们交流，并亲耳聆听了吴青教授的讲座。吴青教授给来自全国各地的孩子们讲述了冰心先生对她的教育，还讲述了自己对做人、对读书的看法，听众受益良多。

吴青教授在讲座中特意提醒在座的孩子们，要做文明人，要遵纪守法，要讲规矩。我觉得，讲规矩这一点说得非常好，不但做人要讲规矩，读书和写作也要讲规矩。读书要讲什么规矩？一要读好书，要让经典浸润心灵，而不是用流行的图书消遣娱乐、浪费时间。现在有不少孩子爱读搞笑的文字，爱读流行的、通俗的读物。那样读很过瘾，也很开心，但时过境迁，发现什么也没留下，什么也记不住，也没有感动过自己。二要坚持读，要把读书变成生活习惯的一部分。有的人读书只是一时兴起地读，或者被别人感染了，很冲动地读一阵，但不能坚持下去，所以也不能养成读书的习惯，自然，就使得读书变成浅尝辄止的行为。这很可惜。“书读百遍，其义自见。”一本好书，要多读、坚持读，直到读懂。

"腹有诗书气自华。"爱读书，坚持读好书，时间一长，美好的性情得到修养，高雅的趣味得以培养，人也就很自然地由粗俗、鲁莽变得智慧儒雅。

写作要讲哪些规矩呢？

第一，要边读边写。

不读书就动笔写，肯定是写不好的，而且即使一时写得很顺，也不能长久保持顺畅的写作状态。因为读书是写作的根基，如果只是一味地写，不读书、不充电，就好像在做"无米之炊"。所以我常鼓励学生，要一边读好书、读经典，一边写感想，记录自己的思考，留下自己的心得，即使写不了长文，也要写点短品。这样，既锻炼了文字，又使自己全身心地进入到经典的情境里去，体验更深，感悟更多，理解更透。记住，写作是读书的最好结果。

第二，写的时候不能乱写、胡写，不要由着性子写。

每一种文体都是有基本要求的：写诗，要写成诗的样子、诗的特点；写散文，要写成散文的样子、散文的特点；写小说，要讲好故事，要写出小说的风格；写童话，要写出作家的想象力和童话的幻想来。所以，在写作时，无论写什么类型的文字、写什么文体，都要尽量遵循文体规律，讲究写作的文体规则。不然的话，写出来的文字就会因为缺乏基本的审美范式而失去阅读价值。这就好比人们去吃茄子，一定想吃到有茄子味道的茄子一样。

第三，写作要坚持。

我请耶鲁大学的教授苏炜来上海大学讲学，他说耶鲁大学给本科生开设了很多门创意写作课，其中有一门课，老师就把课程名字叫《写，写，写》。老师的意思很明显，写作没有多少诀窍，人人都会写，只要坚持写、写、写，就可以写好，就可以学会创意写作。前些日子，读到作家石钟山的一篇谈写作的文章，他的意思也是要坚持，只要是不太蠢的人，坚持写就可以写出好文章。所以，坚持住，去行动，去写，才是最关键的。有些人喜欢对别人的作品评头品足，这是评论家要做的事，如果你想要学会写作，就不能仅仅去对别人的作品评头品足，而要去写，去坚持写。

写作无所谓天才。不要认为天才才会写作、才能写得好。初中时我们都学过一位领袖的话，说“世上无难事，只要肯登攀”。写作也是如此，讲点基本规矩，写作无难事，只要肯去写。爱写作、想写好的少儿朋友，坚持去写吧。

第 4 课　怎么读书才会作文

出门做讲座，遇到不少家长说：我的孩子很爱读书，读了不少书，可就是写不好作文。前些日子还读到一篇公号文章，说的是为什么孩子读了很多书，却不会作文，转发量和阅读量很大。可见，这是一个普遍问题。

在我的周围，也有不少这样的人，他们读了很多书，却不会作文。是不是读书就没有用了呢？一般来说，要写好作文，得多读书；不爱读书、不读书的孩子，是很难学会作文的。就好比烧饭做菜，读书是为做菜准备米和菜，而写作文则是做菜的功夫，一篇好的作文就是做好的一道菜。曹文轩老师把读书和作文比作弓和箭，不读书，就好比箭没有了弓，那怎么射也射不出去。光读书、不会作文，则好比有箭而没有弓，那这把箭也没什么用。因此，弓和箭这个比喻很巧妙，把读书和作文之间的关系说得很透彻，大家一想，心里就明白读书和作文到底是怎么回事了。

我不知道是否真的有人从来不读书，但一落笔就很厉害，甚至成了

一名作家、诗人。根据我的阅读经验，有些作家的确没有读过大学，没有接受过很高的学校教育，但他们会写作，而且很厉害。比如中国作家协会的主席铁凝，她只上过高中，却写出许多部优秀的小说和散文。还有莫言，也没有接受过正规的大学教育，只是当兵后，在部队里、在解放军艺术学院接受过在职的专科培训，他拿到的北师大的硕士文凭也是在职读的，只拿到学位，没有学历，所以严格意义上说，莫言是没有高学历的，只有小学文凭。那铁凝、莫言为什么会写？读读他们的访谈和散文就知道了，他们小时候特别爱读书，而且一直很爱读书，工作以后坚持自觉地通过读书来接受文字的熏陶和文学的教育。如果他们不读书，是不可能写出好作品的。

那是不是所有爱读书的人都能成为作家、诗人，或者会写作呢？也不是。下面我就来谈谈，怎样读书才能有助于作文，有助于培养自己的写作才能。

第一，多读文学书。

会写作、能作文的人，一定是爱读文学书的人，至少，有一本或者几本文学书很深刻地影响了他。比如，莫言小时候就很爱读《聊斋志异》，几乎到了迷恋的地步。莫言小时候家庭条件差，他能接触到的文学书是有限的，不过，这本书对他起到了至关重要的作用，让他迷恋文字、相信文字，也唤醒了他内在的潜能。有些人读书读得很杂，什么都读，特别是读一些流行书，但没有聚焦过一种类型的书，那他的读书就完全是种消遣，是无意识的行为，这样很可能只是泛泛而读，没有激发兴趣点，读得很轻松，倒是打发了很多无聊的时间。杂乱的、消遣性的读书，比看电视、上网、玩电子游戏和手机当然要好一些，至少相对而言不太

伤害视力，但从人生修养和文学素质的提升来看，还是有些不合算。因此，我建议你多读文学书，尤其是经典的文学名著，这样有助于培养你的语言敏感性。

很多人忽视了一个问题，那就是读书与语言敏感性的培养。读诗、读小说特别容易培养一个人的语言敏感性。好的诗讲意象、讲修辞，让读者的心灵变得更加细腻、敏感和柔和，很容易激发一个人对外部世界的感受力。优秀的小说也是如此，读的多了，能够培养人理解外部世界、感受情感和语言的力量。用心去读文学名著，读的多了，就很容易学会用语言来描述世界，来讲述生活，来抒发情感。因此，语言的敏感性就是作文和文学写作的一个重要素质和能力。

第二，多读文学杂志。

要想比较快地感受到文字的神奇，找到文字的技巧，学会作文，最好的方式就是读文学杂志。小时候，我读过《中国少年报》《儿童文学》和《小溪流》这样的报刊，里面的作家作品吸引了我，同龄人的习作让我羡慕。这对我爱上写作起到了不可忽视的作用。一份文学杂志往往是写作启蒙期的好帮手，比一位语文老师还重要。所以，孩子的童年期、少年期一定要有一份好的刊物陪伴成长，这是很值得的。《童话世界》《童话王国》《东方少年》《儿童文学》和《少年文艺》以及其他一些少儿刊物，都是适合少儿阅读的文学杂志，给孩子订一两份，在课余和假日读读，会在无形之中引领作文，培养孩子的写作兴趣。作文是需要模仿的，每一个作家最初的写作都是模仿，如果直接模仿长篇小说，是很容易受挫的，先模仿一些短诗、短故事、短小说和短散文，则很容易进入文字世界，找到写作的自信。

我读过不少五四作家回忆童年的散文，他们大多也会说到小时候自己因为读到某份文学期刊而爱上了写作。少儿文学期刊都是针对少儿读者的，里面的作家作品和少儿习作都比较贴近少儿的心灵，反映的往往都是他们熟悉的生活，所以让孩子读少儿文学杂志对作文特别有帮助，能够让他们感觉到自己也可以这样来描述自己熟悉的生活，表达自己相似的情感。

我的大女儿很喜欢作文，写作文也从不畏难，这与她从小读了很多经典文学名著和一些少儿文学期刊有关系。家里书很多，她随手就可以拿到，由于读了不少文学名著和名家作品，她的语言敏感性增强了，有了写作的能量，一旦下笔，就不会觉得无话可说，而且一落笔就能找到适合自己表达的语言。

有些家长喜欢订作文杂志或买作文书给孩子读，希望孩子直接模仿别人的作文。我觉得，单纯读作文杂志和作文书效果不太好，一是太功利了，二是直接读作文是很难培养语言敏感性的。如果孩子在读了一些文学书和文学杂志的基础上再读同龄人的习作，就会很容易找到作文的奥妙，甚至写出比同龄人还要好的作文。

第 5 课　不知道怎么写咋办

有一位妈妈对我说："每次作文，我孩子都不愿意动笔，不知道怎么写。咋办？"

这个妈妈说的，是一种比较普遍的现象，我不止一次听到这样的疑问。不少孩子写作文时会面临这种困窘，无论老师布置什么样的题目，他都不知道怎么动笔，抓耳搔腮，就是不会写。为什么会出现这种情况呢？我觉得主要原因有三个方面。

第一，缺乏动笔的习惯，很少动手写，每次作业都有畏难情绪。

有时候，孩子不爱动笔、不会作文，不是他不会表达，也不是读书少，而是没有动笔写的习惯。有的孩子只要多写几句就嫌麻烦，就怕动脑筋；总这样迁就自己，时间一长，就养成了懒惰的习惯。一般来说，不爱动笔写作文或者畏惧作文的孩子，其他课程的学习也会有问题，也会跟不上，甚至学习会很糟糕。因此，要改变自己的缺点，不要偷懒，不要怕麻烦，养成动笔写的习惯。当然，不爱动笔、有畏难情绪也和爸爸妈妈的迁就有关系，爸爸妈妈对孩子的学习没有什么要求，孩子自然就会放松。语文老师给学生布置作文题时，没有很好地启发学生，而是过分地提很多要求，甚至不太注意鼓励学生，也很容易让学生厌倦作文。

第二，不爱动脑筋，没有思考过作文题目。

作文并不难，只要会说话、会写字，理论上都会作文。只要读了几册书、会写上千个字，每一个题目都可以写出作文。不愿意动笔，也不知道怎么写，不是题目问题，也不是因为作文难。可能有时候，语文老师讲作文时把作文讲得太死板，提的要求太多，又是立意、构思，又是谋篇、布局，还要求引用名家格言和唐诗宋词，一下子就限制住了学生，让学生有了恐惧感。所以，老师应该启发学生，轻松地思考和讨论一下题目，启发他们写什么、怎么写，然后鼓励他们动笔。从学生的角度来看，则应该好好审题，同时不要把作文想得过于复杂。

2017 年辽宁沈阳中考作文题目是《为 ________ 着色》，看到这个作文题，首先要想一想：该写什么？那个空该怎么填？是写《为童年着色》《为青春着色》，还是《为生命着色》《为祖国着色》？空填好了，就等于确定了要写的内容和主题。如果确定写《为青春着色》，就要从三个方面来写：（1）如何理解和看待青春，即青春是什么、青春意味着什么。（2）我们正值青春期，是青春的主人，是年轻人，该如何做、如何学习、如何努力，如何去拥有本领、创造更好的条件和资质，去显示自己的力量、价值，从而为将来的生活奠基，或者为社会、国家做更大的贡献？（3）表达一下自己不辜负青春的愿望和想法。作文和做其他事情一样，都要先想一想，想明白了再去做，事情就容易做，就能做得更好。就像是烧

饭做菜，我们要先想好再准备食材，然后再动手做。

第三，缺乏信心，总觉得作文是难事。

无论做什么事情，给自己信心比给自己要求更重要。有了信心，很多事情一做，会发现并不是太难，或者说，好多事情想起来难，一旦做了，发现其实没那么难。同样，作文也不是件难事，小学生认识了三五千个汉字，读了一些书，上了语文课，让他写一篇短文是没有什么问题的。比如，语文老师布置作业，让写一篇记叙文《回家路上》，不就是讲一件你回家路上看到、听到的事吗？如果你想写回家路上看到的风景，那就写成《回家路上的风景》；如果你想写回家路上亲历过的一件事，那就写成《回家路上的怪事》或者《回家路上偶遇》之类。叙述好一件事，只要把事情的来龙去脉说清楚，最后谈谈看法、发表一些感想就可以了。初学作文时，老师可能会提出不少要求，讲记叙文、说明文、议论文的一些规矩和一些格式，有的学生就会感觉受到拘束，甚至不敢写，怕写不好。其实，刚学作文时谁都写不好，都要经过练习、练笔才能逐渐提高。学语文一定要会作文，作文是一个基本要求，无论谁学语文都要掌握作文的技能。美国华裔数学家丘成桐在给北大附中学生做讲座时说过，“语言、数学和作文，是人的最基本的能力。”每一个学生都应该学好作文，如果作文做不好，连基本的记叙文、说明文和议论文都写不出来，不但考试会受挫，以后生活和工作也会处处受限制。

以上三种情况可能是比较普遍的，也是造成孩子对作文产生畏惧心理的重要原因。克服以上三种主观上造成的困难，就等于给作文松了绑，走起路来也就可以轻装上阵。

所以，要真正解决作文的困难，不能总是靠别人，不能总盼着这个名师、那个作家提供特效“处方”；要自己有意识地改变懒惰心理，多动笔，敢于写，愿意去尝试，不要怕写不好。没有一个大作家写出的第一篇作品就成为传世之作，他们的名篇背后，都有很多练笔的文字在垫底。大家都熟知法国作家莫泊桑的故事，据说他发表第一篇短篇小说时，床底下堆满了草稿和习作。写作文总要迈出第一步，从小学三年级到高中三年级，每一个学期都有作文课，每一个学生都有同样的机会写出优秀的作文。不动笔、不主动去写的学生，这样的机会对他就没有任何意义。

第 6 课　要给初学作文的孩子信心

有一次，我给一个家长群做一个关于读书的讲座。之后，有一个妈妈说：“谭老师，能不能给我们的孩子讲一讲怎样写作文？”我说：“可以呀，只要时间允许，将来有机会一定讲。”

第二天，这位妈妈通过微信对我说，她的儿子今年上小学三年级了，作文写不好，老是记流水账，老师不满意，她也不满意。听了这位妈妈的话，我让她把她儿子的作文发给我看看。作文发来我一看，写得很不错，字数也不少，有三四百字，而且把一天经历过的事都简要讲述了出来，可以说叙述得很流畅。我觉得是一篇很好的作文。

初学作文时，很多老师不允许学生写“流水账”，认为流水账的主题不集中，没有重点，也没有生动曲折的情节和细节，甚至没有过多的描绘，语言比较干巴巴。其实，小学三年级的学生刚学作文，能够用一两百字比较清晰和完整地讲述一个故事、叙述一天的经历，已经很了不起了。且不说我们做老师和家长的小学三年级时能否写这么好，单从作文规律的角度看，小学三年级的作文能够记好流水账，能够用自己的话把一件事或一天的经历叙述清楚，就值得表扬。

个人觉得，小学三年级的学生只要能用一两百字讲述一个完整的故事，阐述好一个观点和看法，描述好自己看到的一个物件或者一个小景，就达到了目标，就值得肯定。等到小学四五六年级时，能够在三年级的基础上逐渐把故事讲述得更生动、更有趣甚至更曲折，且字数不断增加，就算完成了记叙文写作的学习目标。议论文和说明文的写作也是如此，只要语言流畅、结构比较完整，就要给予肯定。我们要给孩子耐心，给孩子恰当的表现机会，而不是在他们一开始学习作文时就苛求，就过高地要求他们，甚至动不动就拿最好的作文和最高的标准来批评他们。

作文要循序渐进，三年级学生初学作文时，能写出一两百字的作文就可以了。到了四年级，能够写出两三百字的作文就很棒了。到了五年级，能够写出三四百字的作文，达到了通顺流畅且讲究一定的技巧、有一定的文采，就算是很优秀的作文了。从教学大纲来看，到小升初考试，只要能写好四五百字的作文，就达到了要求。

有不少家长和语文老师讨厌流水账式作文，我觉得，这样的家长和老师对作文缺乏基本的认识。如果孩子写了流水账作文，只要告诉孩子把其中一些事或者过程去掉，把最有趣、最值得写的细节写得丰富一些，他的流水账作文就会面貌一新。我曾经遇到一个孩子，他妈妈抱怨他的作文是记流水账，有一次我读到这个孩子的流水账作文，写得挺长，就是没有所谓的重点和主次之分。于是，我告诉这个孩子删掉哪几个部分，把哪几个部分写得详细一些、生动一些、有趣一些，一修改，这篇流水账就变成了好作文。

第 7 课　作文没那么难

不少孩子对作文有畏惧心理，总觉得作文很难。大致来看，一般有四种心理：一是认为作文是个大工程，有心理上的困难；二是犹豫不决，不明白自己最想表达什么，又担心写得不好，不敢下笔；三是总想把作文写好，可一开头就觉得没话可说；四是总觉得自己书看了很多，却用不上。

为什么会有这四种心理呢？我觉得主要有四个原因。

第一，语文老师标准定得太高。

在初学作文时，语文老师把作文的台阶设得太高，没有告诉孩子写作文是从短到长、由简单到复杂的过程，而且刚开始写作文，并不是马上就要写出达到中考、高考要求的作文。要告诉孩子，作文不是从一开始就要写成最好的，最初能写几句，写得像一篇文章，能够完整地讲一个小故事，能够描述好一个景物，能够表达出一个观点，就可以了。如果一开始就要求孩子写出很完美的作文，要求孩子写出主题突出且符合老师心目中标准的佳作，可能会吓住他们。

第二，孩子缺乏信心。

有些孩子平时读书少，很少动笔，语文成绩也不是特别好，因此，一旦老师布置了作文，自己心里就不太自信，对自己的能力产生怀疑。而有些孩子则读了一些课外书和杂志，以为作文只能写好，不能出一点毛病，甚至要写得达到发表的水平，因此就会心里没底，缺乏信心。

第三，缺乏写作文的功力。

有些孩子以为写作是作家、诗人的事，自己写不好，也做不了作家、诗人，因此缺乏写作文的动力，而有些语文老师也把作文当成了创作。事实上，作文和创作是有区别的，作文是文字表达能力的基本要求，创作则是写作比较高级的阶段。而且创作是要追求诗歌、散文、小说等文体之美的，作文则只要能写出记叙文、议论文和说明文就可以了。记叙文要讲一个真实的故事，把故事讲完整了，讲得生动一点、有趣一点、有点特别，就很好了。议论文就是要表达观点，你的观点鲜明、能够被人认可就可以了。说明文就是要描绘事物，把一个物件、一个景点描绘得形象而且特征分明，给人以明确的印象，就达到了要求。所以千万不要以为作文就是创作，不能把孩子当成作家来要求，初学作文只是练习文字表达的基本功。

第四，有的孩子刚开始写作文就想写好，但自己的能力又一时达不到，于是心里着急，想要一蹴而就。

我想说的是，写作文不要急，也不要畏难，因为作文本来并不难。刚开始教作文时，老师不要对孩子提出过高的要求，把记叙文的基本要求告诉孩子，让他们写故事，写身边的故事，把家里、学校、社区里见到过、听到过的事写出来，只要写得文从字顺、故事完整，就要给予肯定，而不是一味地挑毛病，甚至一开始就按照小学高年级的标准来要求孩子。老师要有耐心，要多鼓励，让孩子慢慢尝试。小升初作文一般要求写400字，中考作文一般要求写600字，高考作文一般要求写800字，要让孩子知道，从一开始写100来字的作文到高考的800字作文，他们有十年的时间去进步，只要认真练习、多多尝试，每个人都能达到作文的要求，都能写出合格甚至非常优秀的作文。从100字作文到800字作文，中间有十年的时间，让孩子每一个学期进步一点，这样看，作文又有什么难的呢？仔细想想，如果一个孩子写了十年，都还写不出800字的合格作文，要么是语文老师有问题，要么是孩子自己太笨。

总之，作文之路不应受阻，十年里，一个人要吃多少饭、说多少话、走多少路、爬多少级楼梯？同样的道理，每一个孩子都可以通过尝试写好作文，完成作文学习的任务。在做讲座时，我对孩子们说：“如果经过十年的语文学习、十年的作文学习，都还学不会写作文，那语文老师和学生的饭都白吃了。”

要想轻松写作文并且迅速爱上作文，语文老师不可苛求孩子，要一步一步地引导他们，让他们先学会讲故事，写身边的事，把自己想写也爱写的东西写出来，而不是一开始就给他们套上很多框框。在孩子爱写也能写出完整的故事的基础上，再逐步引导他们写长一点、写得生动活泼一点。美国的小学老师教作文时，都不会设框框，而是鼓励孩子写，带孩子去了解自己想写的景物和现场，让孩子去观察，然后再动笔。这就是种很好的方法。

对孩子来说，要想轻松写作文，一要好好读一读语文课本里那些写人记事的课文，然后注意观察，从生活中找到适合自己写的人和事。二要想好自己要表达的内容，然后用文字写出来。平时我们说话可以随意，但写作文不能太随意，要对语言进行提炼。比如写《我的老师》，要先选一个老师来观察，找到他的外貌、性格特点，还要找到他对学生的态度及你心中印象最深的一件事。这些想明白了，就可以写好《我的老师》这篇记叙文。再如写《美的风景》，先想一想哪一处风景你最熟悉、你觉得很美，如果不熟悉，你可以去观察、去体验，找一找它的美在何处。哪些值得你描述出来，能够让读者感觉它们是美的？有了这些准备，再去表达一下你对风景之美的感受，发出你的赞叹或者感叹，这篇作文就可以了。三要把作文写得干净整齐，这是最起码的要求，也是写作文的好习惯。文字干净、文章干净，清清爽爽，这样的作文自己喜欢，别人也爱读。有时候我们讲“敝帚自珍”，可如果写下来的是潦草的文字，给人乌七八糟的感觉，你还会“敝帚自珍”吗？

最后，我要强调的是，作文没那么难，要说难，一定是自己先难住了自己，缺乏信心，没有耐心，也没有抓住作文的基本点，在这种情况下看到作文题目，当然就有些六神无主了。因此，要想突破畏难情绪，快速理解作文，并喜欢上作文，就得克服心理上的困难，找到解决方法。

第 8 课　学生不爱作文的几个原因

小学生不爱作文、不会写作文，这种情况很普遍，对此语文老师和家长都很着急，尤其是语文老师，想尽了办法，孩子还是不爱作文。这到底是什么原因呢?

我觉得，小学生不爱作文，有的到了五六年级还不会写作文，与家庭教育有关，也与语文老师的教法有关，还和小学生的阅读习惯、学习习惯等有关。具体来说，有以下四个原因。

第一，与小学生不爱阅读有关。

一般课外阅读少、家庭缺乏亲子阅读的孩子，写作都比较差。阅读，对作文来说，是学习文字世界的认识，不仅仅是增加识字量的问题，还涉及对文字的理解、对文体的认识、对想象力和创造力的培养，等等。读课外书多的孩子，对他们稍加启发、给点提示、适当鼓励，他们的语文学习与作文能力就会提高。平常不爱读书的孩子，语文学习的兴趣一般都不浓厚，对作文也不会有兴趣，即使学习了作文的基本技巧，也很难写出好作文。

第二，与自主阅读能力有关。

自主阅读能力与作文能力是成正比的。孩子上了小学，就要尽快培养他的自主阅读能力，如果自主阅读能力不够，到了小学二年级识字量还很少，到了三年级写作文时就会感到字词不够用，尤其是写短故事、短作文时，会有找不到合适的字、词、句的感觉，这样作文就不会顺心顺手，写起来吃力，兴趣也提高不了。因此，在小学一二年级时，家长和语文老师一定要尽量引导孩子多读文字书，积累一些阅读体验，这些本身就是作文好素材。如果孩子能够顺利、通畅地讲述他读过的书的内容，写作文时就会容易得多。复述故事、转述别人的观点、描述别人所描绘的情境，都是作文的一种锻炼。

第三，与语文老师和家长要求过高有关。

一般小学生在三年级开始写作文，刚开始学写作文时，很多家长和语文老师都拿优秀作文的标准来要求孩子，对孩子的作文批评多、建议少，而且动不动就要求孩子用好词好句、名人名言、格言警句和唐诗宋词等，这样过高地要求孩子，会让他们因为一时达不到要求而产生焦虑，最后变成对作文的厌倦。我曾看过一篇小学三年级孩子的作文，故事讲得很清楚，写了有 300 多字，但语文老师的批语几乎全是否定的，她很不满意，认为这篇作文不生动，缺乏心理活动的描写，也没有用好词好句，等等。这样评价一位小学三年级孩子的作文是很苛刻的。作文教学

是一个循序渐进的过程，小学三年级时，应该让孩子多讲故事，培养他们讲家庭、校园和社区里发生的故事的能力，让他们写身边的人，记录身边的事，只要他们用自己的话把故事讲清楚了、讲完整了，就应该给予肯定，并给一个好的评价。到了四年级，鼓励孩子把故事讲得生动一些、复杂一些、有趣一些，把作文写得长一点。到了五六年级，则提一点高要求，这样就一定能把记叙文写好。写议论文和说明文也是如此，要逐步引导，不要一下子就希望孩子写得最好、最出色，达到优秀作文的水平。

第四，与过分依赖作文书有关。

有些家长和语文老师在指导孩子作文时，直接就让孩子学作文技巧，而且以作文辅导书为主，这样效果一般不好。甚至有的语文老师直接找来一些所谓的“示范作文”，要求家长打印出来，让孩子背诵。作文书只是解决一些技巧问题，但作文更多的是需要学生对文字的理解。背诵作文也是一个笨办法。只有在对文字有很好的理解的基础上，才能运用好文字。所以，课外阅读是很重要的，读好书，读经典，培养对文字的敏感、对语言的兴趣，对作文是非常有好处的。如果一开始学作文就借重作文书，很容易受到模式的限制，而且很难培养对文字的兴趣。只有读动人的故事、优美的诗篇等，才能培养对文字世界的兴趣。靠模式化作文的大量阅读，是难以培养这种经典文学作品才能培养起来的趣味、品位的。

第五，与缺乏生活体验、不会观察有关。

现在一些城市里的孩子生活很单调，每天就是上学、回家写作业、睡觉，完全是在老师与家长的安排下生活与学习，缺乏和同龄人之间自由自在的游戏与交往，因此对生活缺乏激情，缺乏足够的爱，或者说，这种单调的生活很难激发他们的好奇心，很难让他们葆有对新鲜事物的兴趣。如果家长和老师能够给孩子多一些课余时间，尤其是老师少布置一些作业、家长少逼迫孩子上一些课外培训班，多带孩子去亲近大自然，去参观博物馆、科技馆，去看一些画展，听听音乐会，去参加一些同龄人的聚会，这样一来，孩子的生活体验丰富了，再加上在自己的房间里发发呆、想一想心事，他的作文就有了很多故事、很多话题、很多想法，也有了很多素材。

第六，很多孩子不爱作文，其实是不爱学习，对学习没有兴趣。

这个原因，得追究到一二年级，孩子们在一二年级时就经历了枯燥无味的写字、识字、拼音学习，到了三年级，一部分学生已经开始厌学了。这个时候，作文对这部分厌学的孩子来说，就是难度的增加，所以，这些孩子不爱作文，其实是不爱学习。这个问题很多家长和老师看不到，总以为孩子只是单纯不爱写作文，其实背后的原因就是孩子不爱学习，是传统的语文记忆性学习不能让孩子对学习产生兴趣。

语文老师和家长如果不能发现这些问题，不能找到这些影响孩子语文学习与作文的原因，是很难教好孩子，很难帮孩子提高作文能力的。

第9课 写好作文要注意哪些事项

很多家长和语文老师都很关心孩子的作文，尤其是希望孩子在很短的时间内就写好作文。这种心理可以理解，但作文的学习是不能急的，要注意一些方法，要避免一些问题。下面对于写好作文要注意哪些事项，我来谈几点看法。

第一，多读书，处理好读书与作文的关系。

读书和作文之间的关系，可以打一个比喻：如果你买了一盒积木，按照积木盒里给的图案来拼积木，就好像是在读书，要学会按照给的图案拼积木。作文则像是按照你自己的拼法、想法来拼积木。而要拼出属于自己的美丽的文字城堡，有一个前提，就是你要多读书，多拼别人给定了图案的文字的积木，先学会一些基本的知识，感受到文字的快乐与美；有了这样的感受，你的作文、你的写作就不会觉得难。

第二，不要照搬别人的作文。

不要学别人如何开头、如何结尾，更不要把别的优秀作文的开头和结尾背下来，放到自己的作文里。这样做其实是在抄袭。照搬别人的作文一时可以应试，但你并没有真正理解作文是什么，也没有学到真正的作文方法。作文写的是自己的体验，要写出属于自己的文字，讲自己想讲也能讲的故事，表达自己想说也能说得清楚的观点，描述自己熟悉的景物。如果照搬别人的作文，那就不是模仿，而是造假。造假作文不能写，写得多了，那就不只是作文的问题，而是文品的问题了。造假作文写多了，你就不会创新、不会思考了。

第三，作文不要动不动就用好词好句，不要动不动就引用唐诗宋词、名人名言、格言警句之类。

好的作文，就是要说自己的话，要鼓励孩子用自己的话讲故事，用自己的话表达观点，用自己话来描述事物。所谓个性化作文，其实就是要说自己的话。个性化作文不是要用很多修辞，要写得多么华丽、多么巧妙，它是自己的作文。每个人都有自己的个性，每个人说话、做事都有自己的特点、脾气和风格。同样，每个人的作文都应该有自己的特点、脾气和风格。如果一个孩子写出的作文和别人的一样，那说明这个孩子还不会写作文，或者说没有写好。

第四，作文要循序渐进。

不要一开始就要求孩子写出最好的作文，或者达到中考、高考作文的要求，尤其不要一开始就期待孩子变成作家。作文，与烧饭、做菜、烤面包和做饼干一样，得先学简单的，再逐渐做复杂的。比如学做饭，要先学会煮饭、煎鸡蛋、炒青菜、做蛋炒饭之类简单的，然后再学做大餐、做套餐、做厨艺复杂的饭菜。有的家长和语文老师一开始就要求孩子的作文字数，还要求语言生动、形容词多、情节丰富、人物性格鲜明、心理活动细腻，等等，这些都是高要求。其实，这样的要求家长和老师自己也不一定能达到，但家长和老师却早早地要求学生这么做，这是不合适的。

第五，不要怕记流水账。

如果孩子能够把流水账记好，说明他叙述、讲故事的能力已经基本合格，这时候，只要告诉他从流水账里挑出最有趣、最值得讲的事，写得更细致一些、更丰富有趣一些就可以了。刚开始学写作文时，多记流水账未尝不是好事，尤其是一二年级时学写话，不妨鼓励孩子记录下每天发生的事，只要记录出来了，写得清楚、有条理，就可以了。到了高年级，孩子自己会学会筛选。那种动不动就提炼素材、表现主题的做法，对作文不一定是可行的，反而让人觉得很老套。

第六，多鼓励孩子。

尤其要鼓励孩子练习讲述身边发生的故事，比如家里发生的事、班级发生的事、在街上看到的事。让孩子从身边的故事讲起，学写作文就会很容易。到了三四年级的时候，千万不要过分拘泥于记叙文、议论文和说明文的写法，不要面面俱到、平均用力。先让孩子学会讲故事，再引领他们写好作文就会变得很容易。三四年级时最重要的是要培养孩子对作文的兴趣，要让他们爱写、喜欢写作文。有了兴趣，孩子到了五六年级就不畏惧作文了，那时候，他想怎么写、写什么，就都不是什么问题了。

总而言之，只要我们有耐心、讲科学，多鼓励孩子，多激发孩子，作文不难学，400 字、600 字甚至 1000 字以上的作文也都不难写。相信孩子，给孩子耐心，给孩子创造的机会吧。

第10课 当我看到作文题目

“每次看到作文题目，我都不知道如何下笔。”

“当我看到作文题目，我就很紧张，不知道怎么写。”

这是我做讲座时听到的两位小学生的话。也有家长对我抱怨，说她的孩子看到作文题目不知道写什么、不知道怎么写。

其实，写作文的确需要学会审题。什么是审题？就是要理解作文的题目，知道要写什么。然后选择你要写的内容，再考虑如何组织文字。

比如，当你看到这样一个作文题目：《我很感激他》。这样的题目，要怎么理解？很显然，这是写人作文。作文一定要写他这个人，要讲述一两件他的事，还要表达你对他的感激。因此，在写的时候，就要注意写他对你的鼓励、提醒或帮助。如果你不写一两件事来证明他值得你感激，那就说明你没看懂这个题目。当然，因为每个人感激的对象不一样，可以根据实际情况写成：我很感激我的某位老师、我很感激我的某个同学、我很感激我的爸爸或妈妈、我很感激我的外婆、我很感激警察叔叔，等等。只要明白了这一点，把题目定准了，就知道怎么写、写什么了。

我读过一篇散文，是一位作家写的，他表达了对曾经伤害过自己的人的感激。意思是，如果没有那个人伤害他，他就不会奋发图强，就不会有今天的创作成绩。这种“感激”也是有意思的写法，但对于学生来说，他们很难有这种感受。

有一次，我看到一份小学语文期末试卷上有一个作文题目：《给幼儿园老师的一封信》。这个题目一看，就要注意四点：第一，这是一封信，因此要按照书信的格式写。第二，是给幼儿园的老师写的，当然，最好从中选择一位老师，而不是写给幼儿园里所有的老师，所以具体来说，最好写成“给幼儿园某位老师的一封信”。如果写成“给幼儿园全体老师的一封信”也可以，但作文这么写就显得不那么真实了。第三，给幼儿园老师写信，最好是汇报自己在小学的学习与生活，可以列举一两个方面的进步与收获，向老师汇报，同时也可以写出自己对小学生活的理解，并表达要继续努力学习、争取优秀的愿望。第四，要表达对老师的问候和感谢。只要写了以上几个方面，“给幼儿园老师的一封信”这篇作文的内容就没有写偏题。

我还看到一个题目：《尝试》。这是一个小升初的作文，有些孩子反映它很难写。有一位家长也和我沟通了，说自己的孩子没写好。

这篇作文，其实就是要写“经历”“感受”和“感悟”。先要想一想，自己尝试过什么？尝试过烧饭？尝试过包饺子？尝试过独自上街？尝试过独自购物？尝试过翻跟头？尝试过跳绳？尝试过演讲？尝试过参加作文比赛？等等，只要你在学习、生活中尝试过的事情，都可以写进来。可以写自己尝试做的一件事，也可以讲述自己尝试过的两件事。无论讲述一件事还是两件事，都要尽量把尝试过的事写得详细、生动，把过程写得有细节、有动作、有对话、有观看你尝试的人的感叹之类，然后表达自己的感受、感悟和收获。当然，作文的最后还要表达自己愿意再次尝试、也敢于尝试的信心与勇气。

前面只是在拿具体的作文题目来谈审题，相信你会有所感悟和理解，知道什么样才算是理解了作文题，怎么写才不会偏题。不少孩子写作文时容易偏题，甚至完全跑题，就是因为审题不够，没有理解好题目就匆匆下笔。因此，在写作文之前，要花足够的耐心把题目看懂。

那么，如何学会审题，克服跑题、偏题的现象呢？我有三个建议。

第一，读几篇名家的写人、记事散文，看看标题与内容是否契合。

看一看，名家的散文是如何写一个人、讲述一件事的，当然，要结合标题和内容来认真品读，感受其标题和内容之间是否有很好的契合度。比如朱自清的散文《荷塘月色》，从题目来看，就是要描绘“月色”，而且是“荷塘”的“月色”。当然，观赏了荷塘月色，还要表达自己的心情，表露自己的情绪。在读的时候，要看一看朱自清这篇散文的题目与内容是否是契合的。

第二，先读一篇名家散文，再写一篇名家同题作文。

比如，读了冯骥才的散文《珍珠鸟》，你可以写一篇《虎皮鹦鹉》《麻雀》《喜鹊》《野鸭》或《我家的小鸡》之类的散文，看看你是否也能把你熟悉的小鸟或小动物的特点与习性写出来，并且写出你对生活的态度。一般来说，作家写小鸟、写小动物、写小景色，都会写出自己热爱生活的态度。你得仔细琢磨，不要把这些内涵性的元素遗漏掉。写同题作文很锻炼作文理解力，也很培养作文能力。

第三，找几个作文题目，和爸爸妈妈或者同学讨论一下怎么写。

看看这些作文题目应该写什么、怎么写才合适。比如,《我错怪了他》《生活处处有美》《美好的回忆》《一份难忘的作业》《家中趣事》《意外的惊喜》和《老鼠的自述》等，找几个这样的作文题目，和同学一起讨论，或者请教爸爸妈妈，他们的观点都对自己写好作文有帮助。

以上介绍了几种简单可行的方法。当然，要提高作文，一定要读写结合。不过一般来说，语文老师做的读写结合是在课堂上直接给学生读一篇或几篇文章，然后让学生仿写。我这里介绍的三种方法，可能更适合培养作文兴趣，提高作文能力。课堂时间有限，仿写往往效果不好，大家不妨在课外试试上面三种方法，相信会有很好的效果。

第 11 课 怎么突破“流水账”

孩子初学作文时会遇到很多问题，比较典型的是，写的经常是流水账，作文平铺直叙，没有味道。我在做讲座的时候，有些语文老师也总反映这个问题，他们也很困惑，不知道如何解决这个问题，让学生一开始学写作文就能够重点突出，抓住要害，阐述好观点，讲好故事。前面我也讲过记流水账的问题，我在《读写童年：谭旭东帮你抓孩子的阅读与作文》一书中也专门谈到了记流水账的问题，告诉家长和语文老师不要害怕学生记流水账，初学作文时，学会记流水账不是坏事，只要稍加鼓励和引导，就可以让学生学会讲故事。下面我来具体谈谈如何突破“流水账”。

第一，要肯定，记流水账不是错误，不是坏事。

语文老师不要看到孩子记流水账就批评和否定他们，家长看到孩子的作文是流水账更不要生气。这样做是不妥的，孩子初学作文时，需要信心，需要受到鼓励，也需要好的方法。与其批评孩子，不如给孩子信心和方法。一般来说，小学三年级才正式学写作文，这时孩子的识字量一般在3000个汉字左右，有的孩子因为家里缺乏读书环境，没有读太多课外书，平时就是看电视，可能还认不到3000个汉字。即使有的孩子识字量达到或超过了3000字，也并不意味着他们的阅读理解能力就很高。因此，在这种文字水平上学习作文，其实并不是那么简单。语文老师在开始教作文时，不要提太高的要求，不要把孩子当成成年人或者作家，而要知道他们只是初学作文的孩子，得让他们渐渐地学会表达，学会叙述一件事，学会抒发一点自己的感情，学会表达一两个自己的观点。孩子自己也要注意学习，每次作文都要尽量把事情讲清楚，把观点表达清晰，把看到的、听到的话传达得明白，把身边的景色描绘得真实一些、生动一些。可以先写简单的话，渐渐地把句子写长一点、写生动一点。

第二，要注意，记流水账是讲故事的第一步。

刚开始写作文时，记流水账不是问题，反而是一件好事。要鼓励孩子多记流水账，等到他越记越长时，就可以鼓励孩子把流水账里最有趣或者最没意思的事写出来，写得详细一些，再谈点自己的看法，表达一些自己的见解，这样，“枯燥的流水账”就变成“有趣的故事”了。比如说，语文老师布置《快乐的一天》这个题目，如果把一天从早到晚做的所有事都记录出来，就是流水账。如果从一天里选择一两件快乐的事讲述出来，然后谈谈自己的看法，表达自己希望天天快乐的心情和愿望，就不是流水账了。可能有人会说，他不快乐，怎么写《快乐的一天》？这个问题不存在，你不可能天天不快乐，在学校里生活，每天同学间的趣事就很多，看到的、听到的趣事都可以变成《快乐的一天》的素材。

初学作文时，《快乐的一天》《放学路上》《快乐的周末》《课间趣事》《难忘的一次……》和《我最喜爱的人》等题目，都可以用来练笔，因为这些都可以从生活中找到素材，让孩子学写身边的人和事。在写了这些题目后，再鼓励他们写不快乐的事、无趣的人和事，这样，孩子就不会觉得老师只让他们写好人好事，也可以写没意思的事。我们出的作文题目不要总是那么刻板、教条，要允许孩子表达老师并不认为是正确的观点。这样在有效的指导下，孩子就能克服流水账的问题。

第三，要把“流水账”变成“好故事”。

记得有一次，我到一所小学给孩子们做讲座。有一个孩子问我：“谭叔叔，怎么把故事写得有意思？”我说：“孩子，你可以先写微故事、微童话。”然后，我当场把我做讲座的事叙述了出来，然后我告诉孩子，这就是一个故事。我是这样讲的：

> 今天，我特别开心。语文老师请来了会写童话的谭叔叔，他来到了我们班，给我们做讲座。谭叔叔个子不太高，相貌平平，但他的讲座很有趣，他给我们讲了小时候读书的故事，还让我们多读好书，养成良好的读书习惯和学习习惯。时间过得真快，谭叔叔讲了一个小时，该离开了，我们也要放学了。真希望谭叔叔下次还能来，给我们多讲一次童年的故事。

讲完这个故事，我只用了 100 多个字，很简单。我告诉孩子，这个故事其实大家都会讲，孩子们都点头。

我对孩子们说：“你们想让这个故事变得更长、更生动一些吗？”孩子们又点头。

于是我又说："谁有什么办法让这个故事变得更长、更生动一些？"

孩子们纷纷举手，有的说："谭叔叔，可以把你的外表描绘得更仔细一些，可以写出你的表情。"

有的说："谭叔叔，你讲的故事没说出来，还可以详细说出来。"

有的说："你讲座时，有同学讲小话、做小动作，也可以写进来，这样故事就很有趣。"

有的说："谭叔叔，我发现你很有耐心，你还做手势，还注意看着我们。"

有的说："您讲的要养成好的读书习惯和生活习惯很好，对我们很有启发，也要写出来，对别人也有启发。"

孩子们七嘴八舌地说，都在补充我的故事。我对他们说："刚才你们说的，我列出来，把它们一一补充到我的故事里，这样一来，我做讲座的短故事就变成一个很生动的长故事了。"

语文老师在现场也很受启发，我对她说："你可以先让学生写短故事，然后用这种办法来启发孩子写长故事，写有趣的、生动的故事。"这样讲故事，很容易解决记流水账的问题。

在具体的作文教学中，有的语文老师喜欢动不动就讲"构思、立意、升华主题"等概念，这些对小学生和初中生来说都太空洞，也太抽象。他们很难消化这些枯燥的词汇和概念，不如用更直接的方法来点拨他们，启发和培养他们写作文的兴趣。

第 12 课　有素材，却写不好作文

一位小作家培训班的老师对我说："老师，现在孩子们写作存在的问题是：很多学生有好的素材，提笔却写不出满意的作品。如何让孩子把记叙文的事件写具体，这是学生作文的最大困惑。"

这个问题在我给语文老师做作文教学讲座时，老师们也有反映。有的老师为了解决这个问题想了很多办法，可是效果不明显。有不少孩子的确素材丰富，有的素材非常好，比如遇到了一个好人、目睹了一件好事，但就是讲不好故事，不能把这个人的言行形象地描绘出来。当然，也有老师认为孩子写不好作文、缺乏写作能力，是因为天天生活、学习在家庭和学校，素材还是不够，缺乏典型的事例，因此，他们会带着孩子走出校园，去寻找素材，寻找好的作文题目。

一般来说，对这样的问题我有两种回答：第一，之所以有很好的素材却写不出令人满意的作品，很可能是因为老师要求过高。有的孩子把故事讲完整了，也把有趣的情节写出来了，甚至在描绘景物时也很用心，但老师并不满意，觉得不完美。这种情况就不是孩子的问题，是老师评

价作文的尺度太高。第二，有的孩子的确不会讲故事，也不会描绘景物，自己的观点也表达不清晰。对这种情况怎么办呢？我觉得老师要传授讲故事的技巧，让孩子把值得讲、也很有趣或者很吸引人的故事讲好。生活中并不是天天都能遇到好人好事，也不是每天发生的事情都特别有趣，况且对很多有趣味的事并不是每一个人都有同样的感觉。所以讲故事首先要尽量讲得完整，在讲完整的基础上，再抓住故事里最有趣的言语、动作、表情和心理来描述，让故事的主人公显得立体一些，让故事发生的过程生动一些，这样就达到了把故事讲好的目的。

那么，如何提高孩子的作文能力，让他们把素材利用好、把故事讲好，而且把故事讲得具体又生动呢？我觉得可以从三个方面来进行思考和训练。

首先，从对语文的理解谈起。

为什么很多孩子不会作文？这与语文教育教学有关，可以说，作文没抓好，很大程度上是语文教育教学的问题。小学低年级时，语文老师一味地让孩子读拼音写词语，只做记忆性学习，而忽视了语文最关键的一个环节，也就是如何用词，如何组装文字。其实学拼音是为了认字，那写字、背词是为了什么呢？如果孩子记了很多词，却不会组装文字、不会作文，岂不是白背了、白记了？所以，一定要纠正语文教育教学的基本观点，让语文学习回到正确的轨道上来。在小学低年级时，一定要抓孩子的组词能力和用词汇表达的能力，也就是读写能力。小学低年级不抓这些，到了三年开始教作文时再抓，效果就不好了，因为孩子不知道为什么作文、怎么作文。

其次，作文，尤其是写记叙文，一定要有逻辑思维能力的训练。

一篇文章要组装好、一个故事要讲好，是有逻辑的。比如写一篇记叙文，老师就要告诉孩子，要把故事发生的顺序写出来，故事是在何时发生、哪里发生、如何发生的，都要写清楚，故事里谁是主角、他说了什么话、做了什么事、大家是怎么想的、故事最后的结果如何，等等，这些都要清晰地表达出来。这些都是有逻辑、有条理、有顺序的，不能随便写。每一件事都有一个发生的过程，在这个过程中，谁和谁发生了矛盾、谁做了什么、谁说了什么、谁想了什么，这些就是具体的细节和情节。在教记叙文写作时，老师要在课堂上把这些呈现出来，和孩子一起讨论和思考，这样才能让孩子知道如何讲故事，如何把故事讲得生动又具体。

最后，语文老师要启发孩子，从生活中寻找素材，而不是模仿课本里的课文。

目前的语文课本里，大部分叙述性的课文都是删节版，或者是教材编写者集体编写的，故事不生动，也缺乏示范性，因此以课文为模仿对象，效果反而不好。建议老师和家长多在课外带孩子读一些生动的故事，也可以读一些优秀的作文，让孩子从示范性的文章里找到作文的技巧。一般一篇好的记叙文，要么故事讲得很流畅，其中还有一两个小细节描绘得很生动；要么故事过程本身就很有趣味、有悬念和吸引力。孩子在读他人的作文时，可以感受，可以感悟，可以学习。

下面以一个作文题为例，谈谈如何写好记叙文。在一份小学六年级的语文试卷上，我发现了这样一个作文题目：《温暖》，要求“写一篇表现人与人之间真诚关心和帮助的事”。

一看到题目《温暖》，首先想到的是，这篇作文讲述的人和事一定与作者有关，不然别人温暖不温暖你又怎么知道。只有自己经历过别人的关心和帮助，才会真的感觉到温暖。所以，写这篇记叙文时，一定要选一两件别人关心、帮助你的事。动笔之前，先好好回忆一下，谁帮助和关心过你？其次，这篇记叙文要讲的故事，一定要是“关心和帮助”这个主题，那就得选一两件别人关心和帮助你的学习或者生活的事来写。因此要好好筛选，看看学习、生活中遇到的老师、同学和其他人，谁属于这个范围，谁最值得你写，谁让你感觉最温暖。到了这一步，就可以动笔写了。在写的时候，尽量把故事讲得生动一些、细致一些，能做到这些，就是一篇不错的作文。

当然，《温暖》这篇作文的最后，还要对关心和帮助过自己的人表示感谢、感激，最好还要表示，自己也要像这个人一样，去主动关心别人、帮助他人，让大家生活更加美好。这样一来，作文的主题突出了，也有了教育意义。

第 13 课 如何写个性化的作文

大家都知道，记叙文、议论文和说明文其实是模式作文，从小学三年级到高三，几乎每个孩子写的作文都是这三个“作文体”，语文老师教的也是这三个“作文体”。无论老师怎么变、怎么说，作文总在围绕这三个“作文体”打转。

现在，关于小学作文、中考作文和高考作文，都有套路式的写作方法，甚至不少语文教师编了各种好词好句和范文，让学生参考阅读并模仿使用，有人甚至编出《作文词典》，也有少数语文老师还要求学生背诵范文。值得注意的是，即使语文老师使出了浑身解数，作文教学依然是语文教学的瓶颈。为什么？因为模式作文忽视了作文的个性，忽视了这样一个事实：每一个学生其实都不一样，都是不一样的生命，都有不一样的内心世界，都有不一样的表达方式。只有个性化作文才是作文的方向，缺失了个性化，作文只是一种模仿和复制。

那么，什么是个性呢？个性就是每个人的特性，每一个人都和别人不一样，每个人都有不一样的生命体验，即使大家都生活在同一个地方，在同一所学校读书，生活经验差不多，但内心的感受是不一样的，对事物的理解也是有差异的。所以，个性最主要的是人的内心世界的差异性，也是人的精神世界的独特性。认识到了这一点，语文老师在教作文时，就应该启发孩子去思考，调动孩子的思维，打开孩子的想象力，让他们充分地展开自己的内心，把想说的话、想表达的观点和思想表达出来，而且要鼓励他们用自己的话表达自己的思想，而不是用别人的话来表达自己的思想。

我比较反对这样教作文：一开始就强调立意，强调主题。如果一开始写作文就立一个意、就确定一个主题，那在写的时候，就等于先给自己的思维系上了一根绳子、先给自己的想象力套上了一个罩子。尤其是对小学二三年级的孩子，一开始写作文就让他们按照一个主题去写，就要求他们有很高的立意，这种要求太高了。他们还不太明白什么是“主题”、什么是“立意”呢，就让他们按照这种固定的思维去写作文，这样做是不讲科学的，也不讲人性，自然也是反作文的。所以，我给孩子讲作文、给语文老师做作文教学讲座，就提倡一开始作文时，要让孩子讲故事，用自己的话讲自己经历过、看到的故事，或者讲自己听到的故事。如果孩子能讲自己的故事，把故事讲完整，并且尽量讲得生动、讲得动人，那就是很成功的作文，这种作文也一定是个性化的。

我记得小时候上作文课，有一次语文老师布置了一个题目《记一件好事》。结果，语文老师把作文收上来，发现班上一大半的孩子写的都是放学的路上砍柴送到五保户老奶奶家。小时候，村里有几个老爷爷老奶奶，因为没有儿女，就成了孤寡老人，他们被村里集体照顾，就叫“五保户”老人。那时候，学校要组织做好人好事，就会让老师带着学生给“五保户”老人送柴，或者送蔬菜之类的。因此，一写好人好事，大家都写到了同样一件事。但其实老师知道，并不是每个孩子都做了这样的好事，而且那几天放学回家的路上，不少同学只是在田野里摸鱼、上山捉小鸟或者到小溪里玩水。可是，大家偏偏都很一致地讲了同样的故事，无非因为语文老师平常在课堂上认为“好人好事”就是帮“五保户”砍柴、给“五保户”送菜，而没有告诉学生，其实，帮爸爸妈妈做家务、帮助同学解答疑难问题、帮助身边的人，都是做好人好事。而且好人好事并不一定是高大上的，也可以是平凡人、普通人做的小善事；或者说，只要出发点好、愿望好，就都是好事。如果大家都根据这种对好人好事的理解来写《记一件好事》，就会写出各自不同的作文，而且每一个人写出来的故事里会有不同的经验，也会有不同的感受。通过《记一件好事》这样的作文也可以发现，个性化作文就是鼓励学生去写自己真做的、真想的，而不是写大家都做的、都想的。想一想，如果都明白了这一点，大家写的《记一件好事》还会是一样的作文吗？

因此，个性化作文给孩子提出的要求，就是希望每一个孩子都立足于自己的生活、立足于自己的经验、立足于自己的体验和感受，把自己真实的生活和真实的想法写出来，尊重内心世界的感受，尊重自己的所思所想，而不是跟着别人写，或者像别人那样写。事实上，每个孩子的基本生活状态即使是一样的，生活的差异性也是存在的。比如，大家的生活虽然大都是从家庭到学校，很少参与社会实践，但在家里，每个人的生活是不同的，父母和孩子之间的交流方式也不同；即使在班上，每个人的交往圈和交友方法也不一样。因此，寻找差异是一种很好的个性作文方法，从看似相同的生活中寻找差异，从看似相同的行为中寻找差异，从看似相近的观点里寻找差异，就是个性化作文最基本的出发点。

在日常生活中，我们大部分人喜欢寻找共同点，过分认同“求同存异”的生存哲学，而忽视了一个常识，即山上每一棵树都不相同，原野里每一棵小草都不一样，同一棵树上没有两片相同的叶子。因此，追求个性、寻找差异，才是最符合人性的思维。作文如做人，求同存异好，还是发现差异、追求卓越好？我觉得从创造力、从创意这个角度来看，应该发现差异，表达个性，追求自我。所以，无论是作文还是做人，都不应该忽视个性化，不要丢失了最有价值的生命特性。

第 14 课 作文应是一种创意写作

现在很多人谈创意，谈创意写作。这两年，语文教育界突然冒出了“创意写作”这个词，不少语文老师把创意写作套到作文上，玩一个文字游戏，摇身一变，就成了创意作文专家。其实，很多人只是因为看到媒体上报道了大学里创意写作的学科活动，觉得很有趣、很新奇，于是也把作文教学改成了“创意写作教学”。创意写作到底是什么？我想简单说一说。

“创意写作”是欧美高校里的一种课程模式，如英国利兹大学、美国纽约大学、霍普斯金大学和芝加哥大学等都开设有创意写作专业课程，招收创意写作硕士生和博士生，培养创意写作专门人才。欧美还有不少高校也开设创意写作课程，主要针对本科生。创意写作课程的开设，就是告诉人们：人人都可以学会写作，只要愿意去学，每个人都可以通过专业的学习和训练，掌握写作技巧，变成会讲故事的人。创意写作基于写作可以教、写作是人的基本能力这一概念，这种理念和我国大学里普遍存在的“中文系不培养作家”“写作是一种天赋”是不一样的，甚至是相反的：写作不是某些人的特权，人人可以学，是人的基本权利。

目前在国内，北京大学、北京师范大学、中国人民大学、复旦大学等都开设了创意写作课程，上海大学则设有二级学科的创意写作硕士点和博士点，该校从 2012 年开始招收博士生，目前已经培养出一批从事创意写作教学的大学教师，还培养了一批作家。

那么，创意写作和创意作文是什么样子的呢？如何理解创意写作和创意作文？我来谈几点看法。

第一，写作是一种创造、创意。

“创意写作”的提法本身就是在强调写作的“创意”属性，没有创意的写作，那不叫“写作”。作文是一种写作，哪怕是一种模式化的写作，也应该尽量追求创意；不能在结构上创意，也要在语言上多用一些好的修辞，不然的话，作文就达不到文字训练和通过文字训练来培养想象力和创造力的目的。

第二，每个人都有创造、创意的潜能，创造、创意人人可以学习。

写作不是天才所为，不是什么靠“天赋”来解决的问题。那种口头上挂着“天赋”“天才”的人，恰是愚蠢之徒的借口。小时候读的一些作家谈创作的文章总在强调才华，尤其是一些评论家，总说这个作家有才华、那个作家有天赋，这其实是不懂创作、不会写作的人说出来的话。会写作的人知道，绝大部分好文章都是一个字一个字写出来的，靠的是坚持，拼的是勤奋，依赖的是勇气。写作是一种语言的表达，是一种文字的交流，只要合理、合情、合适，就是成功的，就应该得到肯定。所以无论是小学低年级写话，还是中、高年级作文，都应该鼓励孩子写本真的文字，自然流畅地表达自己的观点和看法，清晰生动地讲述自己的故事。

第三，创造、创意的最基本特征，就是个性的发挥。

创意写作要突出个性，要把自己的个性表现出来，要给别人看到写作者自己的特点和风格。要写好作文，也要有创意，写出创意作文。不论是从科学的层面看，还是从尊重人的潜能的角度看，创意作文才是作文教学的目标，也就是前文所说的个性化作文。对孩子来说，个性化作文就是自己的学习目标。语文学习说到底检验的是写作能力，即语言的表达能力。阅读也是为了表达，或者说是为了更好地表达，因此阅读和写作之间的关系一定要理顺。作文的个性化则是语言表达能力最核心的标准。

第四，作文应该是一种创造，也是一种创意。

刻板的、规定模式的作文是重复性写作训练，但不是创意写作。传统的记叙文、议论文和说明文三种写法，写得再好，也是在做重复的写作训练，对创造力和想象力是一种伤害。智慧的语文老师即使不能改变语文教材和教学大纲，也可以改变自己的课堂，改变教育教学的方法。就作文教学而言，语文老师要尽量改变教作文的方法，给学生创意的机会，给学生突出个性的机会，同时启发他们去突破记叙文、议论文和说明文三种模式，去写比这些模式更美、更灵活的作品。即使考试不考诗歌写作，也应该鼓励孩子写诗。还可以鼓励孩子去写童话、写抒情文、写小说、写日记或者其他文体作品。

第五，写作是堆文字的积木，是玩语言的花招，是做纸上游戏。

语文老师要告诉孩子，作文就是玩文字的游戏，就像是在堆文字的积木。写模式化作文，就好比是按照别人给的图案来堆积木；而写个性化作文，就好比是按照自己的想法来堆文字的积木。如果孩子只会按照固定的图案去堆文字的积木，说明他对文字的感悟力、理解力不够，还不会灵活运用。如果孩子能够按照自己的想法和构思去堆文字的积木，说明他对文字已经有很好的感悟力和理解力了。

以上是我对创意写作和创意作文的一些看法。创意作文具体要怎么写，需要孩子去用心实践、用心地写。相信经过努力，每一个孩子都可以写出创意作文，而且能够习惯于创意，习惯于创造，习惯于创新。

第 15 课　怎么写才算是“创意”

语文老师给作家作品写评语，通常会说，某某作品别具一格。现在大家习惯上说，谁谁谁的作品很有创意。

好的作文在基本形式上是讲究规范的，但在内容和具体写法上，还是要讲创意。有时候，我们读某一篇作文，会明显感觉枯燥无味，觉得它是流水账和白开水。那要怎么写出创意呢？

第一，不要像一般的生活中的故事那样去讲故事。

语文老师布置作文，一般就是记叙文、议论文和说明文三种。这三种作文里的记叙文，不少孩子写得平铺直叙，读起来没有故事的味道，就是因为作文写得太实了，与生活中看到、听到的事几乎没有区别。要让记叙文给人以新奇感、新鲜感，就得学会把生活叙事变成艺术化的故事。比如我前面讲到的，把生活中的一件小事变成童话，这就是种艺术化讲故事的方式。还有一种方式，就是当你听到一则凶杀案的新闻，想要讲这个故事时，如果直接讲述出来，会让人觉得血腥，甚至晚上做噩梦。如果转述这则新闻时把血腥的情节淡化，用《格林童话》里那种惩恶扬善的叙事方式来讲，就有意思多了。

比如要讲一个大灰狼吃小猪的故事，如果直接讲大灰狼看到了小猪，想要吃掉它，说大灰狼立刻跳过来抓住小猪，把它吃掉了，这样讲就没有意思。但在《三只小猪》里，小猪们让大灰狼吃了三次，就是吃不到，最后大灰狼反而被三只小猪干掉了，这就是创意。再如要讲一个猫和老鼠的故事，如果最后猫吃掉了老鼠，故事就没什么意思，但如果最后老鼠干掉了猫，或者猫和老鼠变成了好朋友，就是一种创意。《格林童话》等经典童话里这种主人公要经历三次困境、最终战胜困难的“三段式叙事”，就是一种讲故事的方式，也是一种可以学习的创意。

第二，事实逻辑和审美逻辑相结合的想象，就是创意。

写作需要放开想象力，曹文轩老师曾说过，写作要“无中生有”。但想象要根植于生活的土壤之中，不是瞎想，而要找到事物与事物之间的相似性与关联性。即，想象时要遵循事实逻辑。五四时期，诗人胡怀琛写过一首儿童诗《弯月》，称有半个月亮被人偷去当镜子照。为此，鲁迅在《热风》中曾用儿歌笑道：“天上半个月亮，/我道是‘破镜飞上天’，/原来却是被人偷下地了。/有趣呀，有趣呀，成了镜子了！/可是我见过圆的方的长方的八角六角的菱花式的宝相花式的镜子矣，/没有见过半月形的镜子也。我于是乎很不有趣也！”鲁迅的话虽然有些让人难堪，但半个月亮被人偷去当镜子照，显然与事实逻辑不符，这就是想象不符合事实逻辑，导致失去了美感的例子。

童话作家陈梦敏在给读者讲写作童话《毛卷卷有朵灭火云》的体会

时，就说：

对付火灾，按照常识来说，用水就可以。水从哪里来呢？从江河里来，从水管里来，也可以从自然界中的冰雪或云彩中来。从灭火的手段中，我找到了与灭火相关的东西——云，云朵不可控制，但在眼镜兔先生的手里，却成了一项为孩子们防火防灾特意制作的新发明，有一个有趣的名字——灭火云。这样的想象，就是从现实中生长出来的，因为目前还不可能实现，又高于现实，所以变得轻盈，变得灵动，变得富有趣味性。

陈梦敏的这一段话，通俗易懂地告诉了我们，想象是基于事实的，所以联想也好，其他的想象方式也罢，都要有事实逻辑作为基础。当然，在遵循事实逻辑的基础上，再把故事写得美一些，激发起读者对美的感受力，就是比较完美的创意性想象了。

第三，塑造形象时要有创意。

怎么才能有创意？就是要写出形象不同于别人的特点。比如张天翼的小说《华威先生》，里面的华威先生就是一位很有特点的干部，总是很忙碌的样子，每次参加会议发完言，就说："我很忙，还有事，先走了。"读完这篇小说，大家都会记住华威先生，觉得他是一个可笑的形象。在讲创作童话《毛卷卷有朵灭火云》的体会时，陈梦敏也谈过形象塑造的体会，她说：

要把人物形象刻画得鲜明，其实是由事件来推动的。像不歪歪大盗，他之所以可怕，不是因为他的长相，而是因为他的人物特点。是因为他能偷走一些不可思议的东西，比如一个人的笑声、一个人的秩序感……但是他也有“命门”所在，因为他有强迫症，不能忍受自己的帽子歪歪、鼻子歪歪、嘴巴歪歪、领结歪歪……所以才让毛卷卷发现了击败他的弱点。这套书对毛卷卷的外表描写几乎没有涉及，但读完这些故事，我想，大家会认为毛卷卷机灵、调皮，有时还会有点小糊涂，但对世界充满了善意。所以，毛卷卷的形象会鲜活地出现在我们的脑海之中，至于他的外表嘛，就让大家在心中按各自喜好来勾勒好了。

陈梦敏说的就是形象塑造的创意。

创意就是不同于平常、不同于一般的认识和体会，是有自己独创性的表达。我们在写作文时，要想有创意，就得好好琢磨一下，可以在哪个地方或哪个方面写出自己的创意。

第 16 课　怎样抓住事情发展的关键点

有一位家长问我："我女儿上三年级，爱读书，期刊、作文和儿童文学都喜欢看，但她写作文感觉提高得不快，写的事情好像抓不住事情发展的关键点，没法写完整。请问问题出在哪里？"

这位家长的问题很有代表性。对于这样的问题，家长应该注意这几点：

第一，孩子才上小学三年级，刚学写作文，因此，写作文时遇到一些问题和困难并不奇怪，是正常的。作为家长，应该多鼓励孩子，不要对孩子有过多的要求。

第二，刚开始学写作文时，最需要做的是要让孩子学会讲故事，让孩子能够完整地叙述一件事。如果孩子要记事，就得让孩子从头至尾把这件事讲完。比如要写一篇"课间趣事"，可以先问一问孩子，课间有没有趣事？有哪些趣事？然后让孩子选一件趣事来讲，把这件趣事尽量讲得详细一些、生动一点。当然，这时不要要求孩子写多长，只要能把趣事讲出来就很好了。

第三，每一件事都有最值得写的地方，这就是作文写作的重点。比如写"课间趣事"，事情叙述完整了，但"趣"在何处没有写出来，这样的作文就扣不上题。因为“课间趣事”除了要叙述一件“事”，还要描述出这件“事”的“趣”，没有把“趣”描述出来，这件事就不是趣事了。

前面这位妈妈的问题让我想起另一位妈妈说过的，她对我说，她女儿要写一篇关于足球的作文，通过自己参与足球比赛的事，来叙述说明自己是个爱足球的孩子。她开篇就写球赛，写她怎么做，然后突然写另一个球员怎么做，但是看不出球是怎么过去的、她和那名球员之间有什么动作联系，就写到下一步了，整个球赛不连贯、不完整，说自己虽然没有直接进球，但是是一个爱足球的孩子。我明白这位妈妈讲的是怎么回事，孩子喜爱足球，想用记叙文写她参加足球比赛的事情，但对比赛过程的描述不连贯，作文的结尾直接就说自己爱足球。妈妈的意思是，孩子的作文故事不连贯，没有抓住重点。她认为孩子要把足球比赛讲完整、讲清楚，用努力踢球来说明自己爱足球。

我觉得，如果题目是《我爱足球》，可以从三个方面写：

首先，告诉读者，自己爱足球，而且爱踢足球。

其次，讲述自己是如何爱足球的，比如我怎么喜欢足球、怎么练习踢足球、曾经打过什么比赛，等等，只要选取一两件事，把它们讲完整、讲明白，就可以让读者知道自己是爱足球的。

最后，最好告诉读者，自己爱踢足球，希望踢得越来越好，也希望大家都来踢足球。

下面给你出一个题目，家长可以和孩子讨论一下，该怎么写？试着写一写。

作文题目：爸爸的爱好

要求：字数 600～800 字，选择爸爸的一个爱好来写。

第 17 课　帮助孩子扣住作文题

有一位妈妈问我：“为什么孩子读书不少，但看到作文题目，还是不能很快想出写什么？”

这位妈妈的问题，其实就是如何让孩子在写作文时扣题。

刚写作文时，不少孩子不能很快地扣住作文题，不知道该怎么写、写什么。比如北京西城区有一篇小升初的作文题《小学的遗憾》，对这样的作文题，家长和老师应该怎样指导孩子写呢？孩子怎样写，才能扣题呢？有两个方面需要注意。

第一，这篇作文最好写故事。

就是要讲一个故事，这个故事是一件让作者觉得很遗憾的事，当然，遗憾的事十有八九是自己没有做好的一件事。比如，可以讲自己很想学钢琴，但没有学好，或者因为一些原因没有学，现在很想学，可是没有时间、没有条件，因此感到遗憾。再比如说，自己很想取得一个好成绩，但因为学习不够刻苦，甚至贪玩、逃课，到了小学高年级，成绩还上不来，几次考试都不理想，等等。

第二，除了写遗憾，还要表达今后的努力和不再遗憾的愿望。

既然是遗憾，说明这篇作文讲故事时除了要表达自己的遗憾之情，还要表达一种以后要通过努力不再遗憾的心情和愿望。比如，有一个孩子写《小学的遗憾》，讲述自己小学时很贪玩，逃学去捉小鸟，把小鸟都弄死了。在作文里，他说，如果那时候懂得爱护小动物，懂得珍惜生命，就不会弄死小鸟。作文最后，他说以后不会再犯这样的错误。这样写就扣住了题目。

再比如《一次深刻的教训》这个作文题，就要扣住“教训”这两个字。所谓教训，就是做错了一件事、说错了一句话、考试失败了一次，等等。因此，作文要紧紧抓住“教训”这两个字来写，还要把它深刻地表现出来，即讲述这次失败犯的是比较严重的错误，下次一定不能再犯，要总结经验、吸取教训，争取下次通过努力取得成功。

扣题就是抓住作文题里的关键词来理解题意，从而准确生动地组织好作文的内容。

下面给你出一个题目，思考一下，这个题目怎么写？该怎么扣题？

题目：做自己命运的主人

要求：字数 600 字，写至少一个事例。

第 18 课　如何写旅游笔记

有一位妈妈给我发来微信，说："谭老师，上午好！孩子上次听了您的写作讲座，其中'勤观察，勤做笔记'这一点，让她很受启发。最近带孩子出去旅游，她随身都会带着笔记本做记录，记录的内容就是一些经过的地名等简单信息。请教谭老师，该怎么做笔记？"

看了这位妈妈的问题，我有两点意见。第一，孩子跟着妈妈出门旅游，随身带着笔记本记录一些地名等简单信息，是对的。旅游时应该认真观赏风景，用心感受风景之美，尽可能地理解自然山水和人文景观的美与内涵，这样就没有白来一趟。旅游的重点就是要好好观赏，不用心观赏风景，后面想写游记就没东西可写。有时候我们观赏风景时，会遇到一些地名或者典故，怕记不住，就在笔记本上记录一下，回来后就可以根据回忆，把所见所闻所感写出来。这种做法是可取的。第二，很多家长和语文老师喜欢让孩子做笔记，出门旅游做笔记，参观博物馆做笔记，读书、听讲座、上课做笔记……家长和语文老师觉得做了笔记才算是认真做事了。其实，不一定做什么事情都要做笔记。比如听老师讲课时，应该聚精会神地听讲，如果不集中注意力听，而是不停地抄抄写写，怎么能够完全听懂老师的讲课内容呢？尤其是数学课，思维要连贯，如果老师讲题目时学生不认真听，就难以理解。再如读名著时，首先应该认真读，一字一字、一句一句、从头至尾地用心读，读完了，有所感悟、有所理解，再动笔写写自己的感受。如果读名著时一边读一边摘抄好词好句，效果反而不好。再说，读书的目的不是学好词好句，而是要感受与理解，要用心领会，把美的东西吸收进去。所以，做笔记也得看时机、看情况，出门旅游时，有的地方风景独特，有些典故，有的地名有些生僻，这些可以先简单记下来，等回来后再整理思绪，把想写的写出来。

具体来说，怎么写旅游笔记呢？

第一，描述你这一行游览的地点，让读者看到你所观赏的独特风景到底是什么样的。

第二，在描述风景的同时，把与这片风景相关的典故与历史知识结合起来，讲一讲它的故事，让读者知道这个风景背后是有故事的，是值得品味的。

第三，在描述风景和叙述故事时，可以引用一些与这片风景相关的诗词名句，来表达你的理解，同时帮助读者理解你对这片风景的描述，认同你的看法。

第四，要写出自己的感受。你到了哪些特别的地方？有什么感受？对这片风景是否还有别的看法？甚至可以写，你是否喜欢这片风景？有哪些地方让你不满意？如何改变会更好？等等，都可以写出来。

以上几个方面都写出来，旅游笔记就有了内容，也值得一读了。

下面给你出一个题目，可以尝试写一篇作文。

题目：________记

要求：根据你观赏过的风景，写一篇题为“……记”的笔记，字数 400～600 字，要求字迹工整，表达清晰，适当运用修辞，记录你真实的感受。

第19课　如何学写诗

去学校里指导语文，和孩子们交流时，我发现，孩子们很爱读诗，也爱写诗。中小学生都是如此。只是，有时候因为受课堂、考试和家庭的影响，一些孩子平时在学校里表现得不爱读诗，在家里也读不到诗。但实际上，如果能够接触到好诗，孩子们还是很喜欢的。

读诗要有方法，要会读，这样才能把好诗里的美和趣读出来；写诗也一样，要有方法，要会写，这样才能写好、越写越好。

让孩子读诗和写诗，不是为了做诗歌评论家和诗人，而是为了更好地理解文字，享受文字之美，从文字里找到自己想要的世界。所以要让孩子多读诗、读好诗，让他们会写诗、写好诗，这样孩子的语文能力会迅速提高，语言的敏感性很容易培养起来，文学创作的能力也会跟着提高。

如何学写诗呢？要从以下几个方面入手。

第一，要多读一些名家名诗。

读名诗可以培养对诗歌的基本认识，能够唤起诗意，激发灵感。小时候我很爱读唐诗，还读了很多欧美现代诗，所以对诗不陌生，养成了爱读诗的习惯。到了初中开始写诗，大学开始发表诗作。不会写诗的人一般是读诗少，读好诗更少，所以对诗没有感觉，更谈不上有诗意和灵感了。

语文课本里有一些古诗词，还有一些儿歌和新诗，语文老师一般会要求学生背诵一些古诗词，考试也只考古诗词，却几乎不要求学生背诵新诗，也不考新诗。所以，很多学生以为新诗不重要，也就不太注意读新诗，更不在意自己是否会写诗。

写诗其实也是一种写作能力。课文里有新诗，却不让孩子背新诗，也不让孩子写新诗，自然是语文课的缺失。从提高语文能力这个角度看，每个孩子都应该学会读诗和写诗，而且要多读一些名家名诗，以经典的诗篇来启发想象力，培养写诗的能力。

第二，要适当地学习一些写诗的技巧。

多听听讲座，看看别的诗人谈创作的文章。如果没有条件读到这类文章，可以对着一首诗自己琢磨一下，看看那些名篇为什么这么迷人、这么美妙，找找语言的感觉，形成对诗的初步认识。好的诗，无论是古诗还是现代诗，一定有一个或几个能够让诗变得很美妙的修辞。要想办法读懂并理解诗里的修辞，增强自己的语言感悟力。

第三，学会理解意象。

写诗一定要懂得意象是什么，找几首名诗，找找里面的意象，看看诗人是怎么用意象的，是怎么让意象变得很美、很有意思的。模仿一下名家使用意象的方法，学一些比喻、拟人、夸张和通感等修辞手法。

第四，从短诗开始写起。

先写短诗，只要写得像诗，就是好的开端。写小诗、短诗顺手了，觉得不难了，再渐渐地写长一点的诗。

第五，要知道写诗是一种表达的需要。

有时候我们选择诗，是因为它最适合表达自己的感情。对于爱写作的孩子来说，我要提醒的是：想要表达观点时，最好把它写成议论文或随笔；想要讲故事时，则要选择写记叙文和小说。想要抒情时，最好写诗歌。诗是一种表达方法，并不是人们故意装模作样、疯疯癫癫。

从理论上说，会写诗的人，其他所有文体都会写，而且能写好。

第 20 课　看到材料一头雾水怎么办

前些日子应邀去河北衡水，给衡水中学的几十位优秀学生讲作文。我给他们讲的内容有三块：一是介绍“北大培文杯”全国青少年创意写作大赛，希望他们能够参加这个创意写作大赛，锻炼自己，提升自己，展示自己。二是给他们讲一讲创意写作，希望他们能够培养创意思维，用创意写作来提高作文能力，同时提高语文能力。三是讲一讲我对高考作文的理解。这些学生听了，觉得很好，讲完后都上来请我签名留念。

不过，有一位学生问了我一个问题，他说：“老师，有时候我看到材料，觉得一头雾水，怎么办？”我觉得奇怪，就说：“材料作文都是一目了然的，怎么会让你看了一头雾水呢？”这位学生腼腆地笑了笑，说：“也许刷题多了，还是有些紧张吧。”我也笑了，安慰他：“不要紧张，其实材料作文是最容易写的。只要读懂了材料，了解了出题人的用意，就可以下笔了。”下面我就来讲一下如何做好材料作文。

中高考作文大部分是命题作文或材料作文。命题作文，就是出题人给出一个题目，考生根据题目的要求或对题目的理解，来决定写记叙文还是议论文。材料作文是中高考最常见的作文题，一般包括三种类型：一是看图作文，出题者给出一个或一组图画，让考生读图，理解图意，再根据图意来写一篇作文。二是出题者列出几句名家名言，或者列出一些古诗词或古文片段，让考生思考，然后自拟题目，写一篇议论文。三是出题者选一则时事或新闻，让考生阅读，从中提炼出一个主题，写一篇议论文。这三类材料作文其实都不难，只要认真读图、读材料，把图和文字材料的意思读出来，再思考一下它传达的主题思想或者给你的启示，就可以以此为中心思想，提出观点，展开议论，写出议论文。

比如第一类，看图写议论文，通常可以分成三部分来写：第一部分，把你对图的理解写出来，接着提出你的观点和看法。第二部分，针对你提出的观点和看法展开论述，要举例论述，或者用名人故事，或者用自身经历，或者用身边人的事例，来论证你的观点和看法，尽量说服读者相信你的观点，赞同你的看法。第三部分，进一步强调你的观点和看法，与开头提出的观点进行呼应。当然，看图作文有时几幅图说的是一个故事，答题的时候就要把图里的故事叙述出来，然后根据故事提炼主题，选定一个作文题目，再展开议论。

再举个第二类材料作文的例子，2018 年北京西城区高考一模的作文题。题目如下：

作为改革开放中成长起来的一代人，读了下面六句话，你对这场关系到国运、人生的变革有怎样的感触与思考？

①穷则变，变则通，通则久。（《周易》）

②不患寡而患不均，不患贫而患不安。（《论语》）

③仓廪实而知礼节，衣食足而知荣辱。（《管子》）

④中国太难改变了，即使搬动一张桌子，改装一个火炉，几乎

也要血。（鲁迅）

⑤解放思想，开动脑筋，实事求是。（邓小平）

⑥广大人民群众坚持爱国奉献，无怨无悔，让我感到千千万万普通人最伟大，同时让我感到幸福都是奋斗出来的。（习近平）

请以“写在改革开放四十年”为副标题，主标题自拟；并以上述两到三句为基础确定立意，并合理引用，使之形成有机关联，写一篇议论文。要求：自选角度，观点明确，论据充分，论证合理。

看到以上材料作文题，很容易让人明白出题人的意图，那就是要肯定改革开放，要赞扬改革开放，而且要围绕改革开放这个主题来设置议论文的标题。根据一般的惯例，最好把领导人的话写进作文，因此，这个题目可以写《改革与爱国——写在改革开放四十年》。

那么，如何写“改革与爱国”呢？第一，要提出观点，可以先把领导人的两句话写出来，然后告诉读者，这些话告诉我们：国家要进步，民族要强大，社会要文明，人民要过上美好生活，一定要改革，改革就是爱国。接着，用正反两方面的事实和例子来证明，必须改革，改革才能促使国家富强、人民幸福、过上美好生活。在举例论证时，可以结合改革开放的实践，用改革开放的成果来增加论证的力度，效果会非常好。而且在论证的过程中，我们可以把前面四句名言很自然地放进去，这就使文字更有力度、更有深度。

对于第三类材料作文，在写的时候，首先要把材料的基本事实和观点陈述出来，其次要提出自己的观点，再次要结合实际用事实论证，最后在结尾再一次强调你的观点，表达更加明确的态度，呼应开头。

以上是对材料作文的一些看法。一直以来，语文老师总喜欢谈审题，无论什么作文，都把审题、立意、构思看成是作文的金科玉律。有的孩子看到材料一头雾水，可能就是审题不清，或者说没好好审题，因此觉得不知所措，不知从何下手。作文要写好，最关键的是要理解出题人的意图。如果能拿出很多中高考作文题目，来分析出题意图，分析出题人最希望考生说什么、表达什么、赞同什么、肯定什么、批评什么，对于这样的材料作文会有很大帮助。

总之，材料作文并不难。要想避免“一头雾水”，就要认真读材料，把材料看懂，领会出题人的意图。中考、高考都是有时间限制的，出题不会太难，不可能出一个让不少考生无从下笔的题目，因此，一定要克服畏惧心理，相信考试作文并不难。事实上，中高考的材料作文都比较好理解，只要愿意好好写，心态好一些，都可以写出良好甚至优秀的作文来。

第 21 课　材料作文怎么写

现在，中考和高考作文一般都是材料作文。所谓材料作文，就是给一个材料，让考生在理解材料的基础上，提出自己的观点和看法，然后进行论证，达到说服读者的目的。材料作文题大致有四种：一是给一个故事或事实，然后让考生发表观点和看法。二是展示一个容易让人产生矛盾或困惑的问题，让考生去分辨、去思考，然后给出明确的观点，并加以论证。三是罗列一些名家名言，或者从某些文献里摘一些段落，让考生解读并发表看法。四是看图作文，有人把看图作文当作一种作文类型，其实，它也属于材料作文，不过这个材料是一幅图（可能是漫画）罢了。

那么，材料作文该怎么写呢？我们来看看 2019 年江苏省的高考作文题：

根据以下材料，选取角度，自拟题目，写一篇不少于 800 字的文章；除诗歌外，文体自选。

物各有性，水至淡，盐得味。水加水还是水，盐加盐还是盐。酸甜苦辣咸，五味调和，共存相生，百味纷呈。物如此，事犹是，人亦然。

这个作文题，就是一个典型的材料作文题。

看看材料，如果只停留在“人生百味”和“物各有性”上，就容易写成一个心灵鸡汤式的短文。在网上，我看到有专家写“下水作文”，题目就是“物各有性”和“人生百味”。这样写当然切题了，但如果只写成“物各有性”和“人生百味”，等于没有思考，因为这个观点在材料里是显而易见的。材料作文考的是考生对材料更深更高的认识，或者不一样的认识。我觉得，考生应该在理解材料的基础上，有更深入的观点和看法，才能显示材料作文的价值。所以，我觉得这个题目可以落到“交流与合作”“共同发展”和“文明互鉴”的主题上来，甚至可以联系到“一带一路”共创人类命运共同体上来，这样，由小见大，由趣到理，一步步推进，把考生对时代、对世界的理解以及入世情怀表达出来。

所以，对材料作文的理解不能仅仅停留在材料里的观点上，材料作文里的观点是显而易见的，是供我们思考并引发我们有不同见解甚至是反对意见的。如果只停留在原来的观点上，自己加上点论述和论证，意味着考生缺乏独立思考，会很平庸，而且别人也会很容易就这么写。材料作文考的是问题意识，考的是独立思考的能力，不是考查对已有的观点的同意与否。

再看看 2019 年浙江省的高考作文题，也是一个材料作文。题目是这样的：

阅读下面的文字，根据要求作文。

有一种观点认为：作家写作时心里要装着读者，多倾听读者的呼声。

另一种看法是：作家写作时应该坚持自己的想法，不为读者所左右。

假如你是创造生活的“作家”，你的生活就成了一部“作品”，那么你将如何对待你的“读者”？

根据材料写一篇文章，谈谈你的看法。

注意：

①立意自定，角度自选，题目自拟。②明确文体，不得写成诗歌。③不得少于800字。④不得抄袭、套作。

认真读了这个材料作文题两遍，我有下面一些看法。

我的第一判断就是，这其实不是一个材料作文题。什么是“材料作文”题？前面已经提到了，材料作文题一般会给出一个材料，这个材料不直接给出观点，只是给一个事实或现象，或者展示一个别人的观点和看法，但考试的目的不是考给出的材料中的观点和看法，而是要考查考生通过对材料的理解，引起了什么看法或者产生了什么不一样的感想。说白了，材料作文考的是一种“由此及彼”的能力，即从材料的理解出发，到个性化的思考。浙江省的高考作文题里，先列出了两个不同的观点，但后面并不是让考生谈对这两种观点和看法的理解，或者考他们赞同哪一个观点：

假如你是创造生活的“作家”，你的生活就成了一部“作品”，那么你将如何对待你的“读者”？

这句话，出题人大概的意思是这样的：假如你是一位作家，写出了反映你的生活的作品，你将如何对待你的读者？出题人显然是想要考生表态：你是支持第一个观点，还是支持第二个观点？但大家仔细一读，这考题的文字很别扭，语言不通畅，既没有必要告诉考生作家是创造生活的人，也没有必要说出作家创作是把自己的生活变成了“作品”。这是画蛇添足，多此一举，好像考生对文学创作一点认识都没有似的。而且这样表达很刻意牵强，因为文学创作不一定是把自己的生活变成作品，好像作家创作也只是所谓的“创造生活”。对“作家”和“作品”没有必要给出一个限定。这里一限定，既让句子变得太长，同时使“假如”和“那么”之间的逻辑关系不顺。而且作为一个复句，前面的从句是“假如”，后面的从句是“就”，这个题目不但犯了多费口舌、自作聪明的错误，也犯了语法不规范的错误。

说白了，这个作文题就是要考生谈：你创作时，更愿意站在读者的立场上，还是更愿意站在自己的立场上。所以，这个材料作文把两个观点列出来，明显就是让考生选择其中一个来表态，阐述自己的观点和看法，没有启发考生去做更多的思考，只是让考生做一个选择题，并对答案做出自己的解释而已。所以，这不是一个材料作文题。

最后想说的是，2019 年各地高考作文题中，浙江省的高考作文出题很一般，甚至可以说没有新意，很难让考生考出能力。说得严重一点，这份试卷的出题人水平不高，不懂什么是材料作文，只是把废话列出来，让考生做个无趣的选择并说点废话而已。

我修改了一下浙江省的高考作文题，让它减少废话，并且规范一点。如下：

阅读下面的问题，按要求作文：

有一种观点认为：作家写作时心里要装着读者，多倾听读者的呼声。

另一种看法是：作家写作时应该坚持自己的想法，不为读者所左右。

如果你是一个作家，你将如何对待你的读者？

注意：

①立意自定，角度自选，题目自拟。②明确文体，不得写成诗歌。③不得少于 800 字。④不得抄袭、套作。

此外要提醒一下的是，面对材料作文，先不要急于表达观点。先认真读材料，读懂材料里所隐含的信息，然后思考一下，它到底在说什么、在批判什么、在赞同什么，或者在暗示什么。然后，联系实际，联系生活和社会，选取最符合思想逻辑的观点，来表达你的看法，再加以清晰论述。

第 22 课　作文经常跑题怎么办

作文要审题。所谓审题，就是看到题目，要知道自己应该写什么，或者围绕一个中心思想，知道自己要写什么、说什么、表达什么。所谓“中心思想”，就是作文里的核心观点、基本态度，如果这个核心观点和基本态度不对头，就等于没有理解作文题，写起来就会偏题、跑题。

经常有人写作文时跑题。比如语文老师布置写《爱》，很多同学不是围绕“爱”来写，而是写爸爸妈妈优秀、写同学学习好、写老师认真负责任。这样就跑题了。事实上，《爱》这个题目如果要写老师，通常要写一个老师爱学生、认真负责地教书育人，还要举出实例证明这个老师的确爱学生，然后告诉读者，老师爱学生，也赢得了学生的爱。

根据我的经验，作文跑题通常因为考试时间紧，加上心理紧张，导致思考不充分而把题目想歪，结果写出来的作文内容与主题不太契合，最后写跑题了。

中考和高考考试压力大，时间特别紧张，有些学生很容易在写作文时跑题。举个例子，江苏省曾经出过一道高考模拟作文题：

说与做

对待学习和工作，有人光说不做，有人只做不说，有人既说又做，还有人……请以“说与做”为题，写一篇不少于800字的文章，除诗歌外，文体自定。

看到这篇作文题，我们分析一下，一般来说，出题人希望考生从以下三个方面来写：

第一，要对“说”与“做”哪个重要做出选择，比如，考生是认同“要多做实事，不能光说不做”，还是认同“既要说，还要做”，或者认同“多说少做或不做”？考生要有自己明确的态度。但从价值观这个角度考虑，考生可以确立“少说多做，把思想付诸实践”的观点和立场。如果考生确定的主题是“既要说，还要做”“多说少做”或者“只要埋头做就行”，就会偏题甚至跑题了。可能有人会说，“既要说，还要做”也是切题的，但一般情况下，出题者的意图不在于此，其倡导的就是“少说多做，多做实事，要有实干精神”。

第二，确定了主题，确立了态度，就要举切合主题的例子。既要举那些实干家的例子，也要联系今天的现实，为了建设新时代、过上美好的生活，少说多做，做实干家，做求真务实的人。

第三，举例说明少说多做、实干就有收获，有利于自己，有利于集体，有利于国家和社会之后，还要进一步肯定实干、巧干，这样主题就深化了，态度也更明确了。

中高考的作文题大都是材料作文，试卷上给出一个材料，然后让考生根据材料确立一个主题，写一篇观点作文。对于这样的材料作文，考生读懂材料、理解材料很关键，如果不熟读材料、不细品材料、不善于从材料里提取观点，下笔作文时就容易跑题。所以，材料作文实际上考查的是考生对材料的理解力，能够理解材料、读懂出题人的用意，就成功了一半。如果没有读懂材料，只是从材料里拿出一个句子来说事，那你举的事例再生动、故事讲得再好、观点再鲜明，也很难得高分，因为寻章摘句往往难切主题。

对那些写作文容易跑题的孩子来说，平常训练时可以从命题作文开始。命题作文的题目是给定的，通常本身就是一个鲜明的观点。比如《信任》这个题目，一看就知道要肯定信任，强调人与人之间要彼此信任，让人信任的人才能赢得他人的尊重。在此基础上，我们再举出正面和反面的事例，来证明人要讲信用，只有让人信任才会有朋友，才能有好的收获，才能获得成功。最后再一次重申，人与人之间要彼此信任，大家都讲信用，社会就和谐、就进步、就文明，等等。《信任》这类命题作文写多了，你就能学会抓住中心思想，学会说理和论证，学会表达观点。

第23课 这些小升初作文热题怎么写

很多地方都取消了小升初考试，但也有少部分地方还保留着。有些机构开设了小升初作文培训，很受家长的追捧。

我看到一些相关的文章，也看到一些很热的题目，这些题目不少地方都采用过，比如《请让我来帮助你》《谢谢你》《……给我带来了快乐》《我多么向往》《小店》《假如停水三天》《让我为自己鼓一次掌》和《我得到了》等，据说是采用最多的，在很多教辅资料上的出现频率也很高。

姑且不说这些作文题目好不好，这里谈谈怎么写这些作文。

《请让我来帮助你》这个题目，如果是作文底子好、平常写作能力强的孩子，可以写成抒情文。写的时候要结合一些事例，来表达"我"愿意帮助他人的情感，不过作文时作者会有一个假设的抒情对象——需要帮助的人。在日常生活中，可能遇到有些人处于困境，但不一定能够接受别人的帮助；也有一些人需要帮助，但拒绝别人的帮助。因此，在表达自己的情感和愿望时，语气要恳切，要用倾诉的语言，引导对方理解自己。对于写作能力一般的孩子来说，可以把这个题目写成记叙文：班上有一个同学遇到了困难（家庭经济困难、学习的困难等），他一筹莫展，不知所措，这时我主动伸出援手，帮助这位同学。最后，在我的帮助之下，这位同学克服了困难，渡过了难关。在记叙文的最后表达一下感想：谁都可能遇到困难，请让我来帮助你。

《谢谢你》这个题目，一看就知道是感恩主题。出题人希望你在写作文时以感恩为主题，讲述感恩的故事，表达感恩之心。写记叙文，可以讲述爸爸、妈妈、老师、朋友对自己做过的好事，展示他们给予的关心和帮助，最后表达感谢、感激、感恩。比如，可以写成《谢谢您，敬爱的老师》，讲述老师给予的指导，表达对老师的谢意。也可以写成《谢谢您，爸爸》或《谢谢你，亲爱的某某同学》等。

《……给我带来了快乐》这个题目，一看就是写兴趣爱好的。这样的作文很生活化，鼓励学生从生活中寻找素材。对于这样的题目，不要急于下笔，应该先想一想，自己最喜欢做什么、最感兴趣的事是什么、它给你带来了什么快乐、让你有什么收获……把这些想明白了，就可以下笔了。你可以写《读书给我带来了快乐》，也可以写《爬山给我带来了快乐》《绘画给我带来了快乐》《弹琴给我带来了快乐》《跳舞给我带来了快乐》，等等。在写这些题目时，要结合实例和生活经历来写。比如写《读书给我带来了快乐》，先要告诉读者你爱读书，有读课外书的习惯。接着写你读了哪些书，其中哪一本或哪几本让你觉得有意思，让你受益匪浅。再接着写你读了一些书以后有什么改变，尤其是对你的学习和作文有什么好处，等等。把这些写好了，最后再表达一下你的观点和看法：读书好，读书快乐，以后要继续多读书。

《我多么向往》这个题目，一看就是以梦想为主题，让你讲述、描绘自己的梦想，表达自己的愿望。比如写成《我多么向往蓝天》，就可以结合现在很多地方都有雾霾的现实来写，表达对绿色生态环境和蓝天的向往，唤起大家对清洁能源开发和环保事业的热爱与支持。或者写成《我多么向往北京》或是《我多么向往乡村》，这样的题目入手容易，写起来不难，每一个人都能找到可以写的点和面、可以写的观点和看法。

《小店》这个作文题，考的是观察能力和描述事物的能力。如果你平常注意观察周围的生活，包括商店、市场、社区和学校，就会很容易抓住要写的点。可以写你熟悉的小商店、小饭店、小水果店、小书店，在写的时候，一定要注意写出这个小店的特点，把它与你的生活联系起来。比如写《小书店》，可以写你家门口有一家小书店，描述它的特点，讲述你和这家小书店的关系，你进书店选书、买书的经验和体会，表达你对这家小书店的感情。一般来说，写《小书店》是很容易得高分的，因为老师都希望学生爱逛书店、爱读书。

《假如停水三天》这个作文题目，好像是写想象力的，但其实考的是你对日常生活的熟悉与了解。大家可以想一想，在城市里生活，要是停三天水，会出现什么后果？如果你面临这样的境况，会怎么做？你认为应该怎么克服停水三天的困境？在这里，一定的生活能力能帮你写好作文。如果写《假如我家停水三天》，生活在城市里的孩子不妨这样写：如果我家停水三天，我要想办法解决全家人的喝水问题，一要想办法修好水管；二要想办法去买水，不让爸爸妈妈因为缺水而着急；三要通过停水的经历，吸取经验教训，以后适当地储存一些水，以防万一。在写这篇作文时，一定要让老师看出你解决生活难题的能力与方法，展示你的才能和智慧。

《让我为自己鼓一次掌》这个题目，显然是要写励志作文，作文的主题就是要激励自己。为自己鼓掌，为什么呢？这就需要写自己的优点，写自己好的行为，写自己的努力，为自己点赞。这样的作文要以生动的事例来支撑，不能空口说白话，也不能仅仅是自我赞美和肯定，要用事例来告诉读者，自己是值得鼓掌的。

《我得到了》这个题目，写的是自己的收获，可以写成《我得到了友谊》《我得到了爱》《我得到了教训》，等等。这样的题目很好写，容易与生活中具体的收获和感悟结合起来。如果不把具体的生活与经验结合起来，写起来就难免显得空洞。

第 24 课　用讲故事的方式倾诉

我有一位同事，他儿子读初二，他很关心儿子的语文学习，把 2003—2017 年共 15 年的上海市中考作文题目都发给我，让我看看。我把这些作文题目列在下面，说一说我对这些考题的分析。

2003 年：我想唱首歌

2004 年：1. 我们是初升的太阳；2. 我的视线

2005 年：充满活力的岁月

2006 年：我们的名字叫——

2007 年：记住这一天

2008 年：我眼中的色彩

2009 年：在学海中游泳

2010 年：黑板上的记忆

2011 年：悄悄地提醒

2012 年：心里美滋滋的

2013 年：今天，我想说说心里话

2014 年：这里也有乐趣

2015 年：不止一次，我努力尝试

2016 年：没想到，真没想到

2017 年：就这样，埋下一颗种子

2003—2017 年上海的中考作文题，只有 2004 年给了两个题目，其他的年份都只有一个题目。它们共同的要求就是至少写出 600 字，也就是说，正常的 300 字一页的稿子，写两页就达到字数要求了。我想说的是，谁都能写出 600 字，只要想写，中考作文不是什么严重的问题。

不少孩子之所以觉得作文不好写，大概有三个原因：

第一，不爱写命题作文。大家平常写老师布置的命题作文写烦了，心理上有些抵触。第二，语文老师一开始布置作文，就要求大家要布局谋篇，要有很高大上的立意，这样的模式化作文，写着写着就让人觉得很受束缚，心理上也会产生抵触。第三，从小学开始，语文老师甚至家长都把作文看得太难、太复杂，结果孩子总害怕写不好、老师不满意。

其实作文并不难，一开始只要能够讲故事、谈看法、写出真情实感，就很不错了。过多的要求只会让孩子失去对描述生活、语言表达和情感倾诉的兴趣。

我分析了一下这些题目，发现它们其实很好写。仔细读读这些题目就会发现，出题目的人是站在青春少年的立场上，想通过作文来倾听少年的心声。

比如《我想唱首歌》就是一种倾诉，很显然，出题人想倾听孩子内心的声音，倾听他们心灵的音乐，而不只是想听孩子唱某一首具体的歌。因此，这个作文题里的“歌”，既可以是某一首歌，也可以是你内心的想法、愿望和理想，即你的理想之歌、爱之歌，等等。

假如我参加中考，我会这样写《我想唱 ×× 歌》：第一段告诉大家，我想唱一首 ×× 歌；第二段写出为什么我想唱这首歌，有哪几个理由，其中有一件什么事促使我想唱这一首歌；第三段要告诉大家，我想唱这首歌，唱出自己的情感，唱出自己的心声，唱出自己的志向，唱出自己的理想。

如果让你来写这篇作文，建议你写一首具体的歌曲，比如《我想唱〈同桌的你〉》，然后说出你为什么喜欢这首歌，是不是因为你遇到了一个好同桌——他给你友情、给你帮助、让你难忘，让你感受到友谊的珍贵与美好。你可以在作文里讲一讲同桌的故事，表达你的感受。最后强调：你爱《同桌的你》这首歌，一唱起这首歌，你就想到了你的同桌，它提醒你珍惜友谊，也告诉你青春的美好、生活的美好。

当然，《我想唱首歌》这个题目里的歌也可以是一首抽象的歌，比如《我想唱一首青春的歌》。假如是这个题目，你会怎么写？想一想，相信不用我多说，你就知道怎么写了。

《我们是初升的太阳》这个作文题，也是一种倾诉，要倾诉少年青春的梦想，要表达少年青春的理想。具体怎么写？假如我要参加中考，我会这样写：第一段，我会说我们是初升的太阳，我们是少年，是青春的生命，是祖国的未来、民族的希望、社会的栋梁。第二段，我会表达这样的看法：既然我们是初升的太阳，处在那么好的生命阶段，就应该努力学习、刻苦拼搏，以优秀的成绩回报家人、学校和老师，还要以全面的素质报效社会和国家。没有本领、没有知识，是无法担负起时代的使命的，是无法回报家庭和祖国的培养的。因此，初升的太阳是有责任、有担当、有使命感的一代。在这一段，我会讲一个自己亲身经历的故事，自然地表达出我的观点和看法。第三段也是最后一段，我要再一次强调：

我们是初升的太阳，是新时代的少年，立在时代的潮头，听从祖国的呼唤。记住，作文的结尾一定要抒情言志，把思想境界升华一下，作文的立意就高了。

《埋下一颗种子》这个作文题，还是一种倾诉，要倾诉作者的心愿。如果让你来写这个题目，可以倾诉你埋下一颗智慧种子的心愿，也可以倾诉你埋下一颗爱的种子的心愿，还可以倾诉你埋下一颗理想的种子的心愿，等等。举例来说，你可以定《埋下一颗爱的种子》这个题目。以“爱”为例，你可以从三个方面写。第一段，表达你的愿望：埋下一颗爱的种子，希望人人有爱，生活充满爱，世界充满爱。第二段，告诉读者：埋下一颗爱的种子，意味着要付出爱，要有爱的行动，只有付出爱，才能收获爱。人人都付出爱，生活才会美好，世界才会美好。在这一段，你可以讲一个故事，来证明或说明人人都需要付出爱。第三段，可以从反面来表达你的观点：举一个例子说明生活中有人缺少爱，甚至喜欢做坏事，不但危害他人，还危害社会和国家，这样做是不应该的。最后一段，可以强调：无论如何我们都要有爱，都应该埋下爱的种子。如果每一个人都埋下爱的种子，人人都有爱，生活会更美好。我们身处美好的时代，人人向往美好的生活，也想过美好的生活，大家都要奉献爱。

以上针对三个作文题谈了一些想法和建议，你可以再看看其他中考作文题，体会一下，想一想它们是不是都是倾诉性的作文？要记住，你在倾诉少年的情感和愿望时，别忘了讲故事，用事例来表达你的观点和看法。另外每次作文的最后，不要忘记把你的观点和看法提升一下，否则你的倾诉和想法就会显得有些小气，像是从自己的利益出发而感。要从大家的利益和立场出发，表达你的想法和愿望，这就是语文老师反复强调的“主题升华”。

“主题升华”没什么不好，把它自然表达出来就好。比如我说：我要好好读书。这当然是对自己有好处的，不读书，怎么进步、怎么成才呢？不好好读书，怎么考上好的大学呢？如果升华一下主题，可以说：好好读书，不但是为自己，也是为了社会进步、民族繁荣、国家昌盛。如果年轻人都不爱读书，一个社会、一个民族岂不是要退步，岂不是没有希望？因此，“主题升华”不是矫情，而是必要的。只要把它自然表达出来，观点是合情合理的，就没有什么不妥。

最后我想说的是，根据历年上海市的中考作文题可以看出，出题人的主要目的是想通过作文来感受青春少年的内心，倾听他们的想法、愿望、希冀和理想，从而达到考察写作能力并提升少年人格的目的。

第 25 课　怎么审准倾诉性作文题

上海市中考作文题目出得很不错，历年来都以倾诉性作文为题。前面说过，倾诉性作文题也可以写成议论文，但用的又不是一般议论文的写法。

这些倾诉性作文题目有观点和看法，又不像一般的议论文那样高大上、那样空泛，很容易用讲故事的方式来表达内心情感，倾诉自己的看法、想法、见解与情绪。

以下十个作文题目，是我搜集的近两年上海各区中考一模作文题。这些作文题目贴近初中生活，有利于表达自己的情感和情绪，在做中考作文训练时可以试着写一写。

1. 我并不完美
2. 有一种幸福叫感动
3. 因为有你
4. 爱在细微处

5. 别样的精彩

6. 那一刻，我发现了自己

7. 总有一刻属于你

8. ________，让生活更好

9. 最好的奖赏

10. 前行的路上

对这些作文题，我有四个建议：

第一，平时作文练习就可以写这样的作文，扣紧这些题目，用亲身经历的故事和体验来表达每篇作文里的主题。比如《我并不完美》，首先应该讲故事，讲一两件亲身经历的事，把真实的体验和感受写出来，然后表明“我”并不完美，是有一些缺点和不足的。但作文不能到此为止，接着就要说，虽然“我”并不完美，但“我”很快乐、很自信，也愿意通过努力改变自己，使自己进步，让自己变得优秀。最后再强调一下，我并不完美，但我相信自己，相信自己会变得更美好，相信生活和世界会变得更美好。

第二，平时的作文练习一定要做修改。考试时因为时间限制，一般写完作文，考试时间就到了，根本没有时间修改，有些话写错了或者写得不满意，甚至有些字写错了，都来不及修改。但平常练习时，每写完一篇都应该修改两三次，把词语打磨好，把话写得圆润感人一些，把细节写生动一些，把形象写得传神一些。修改作文不但可以打磨文字，让文字更美、表达更恰当，最重要的是，它可以培养耐心和判断力，还能培养对文字的敏感度，让自己进入写作的快乐境界。因此，作文写完后认真修改润色，对考场上的作文也大有裨益。

第三，这种倾诉性的作文题目需要表达的观点和看法，一定要通过真实的故事来倾诉或传达出来。前面提到过，最好是用自己亲身经历的故事来传达，因此每一篇作文都要讲一个故事。写几次你就会发现，在这篇作文里讲得很生动的故事，在别的作文里也可以用。所以写故事时，一定要把细节特别是感人的细节和话语写出来。故事讲好了，你会发现，几乎每一个故事的主题，都是可以切换的，只要把开头和结尾重新写一下，就可以很好地把故事嵌入作文里，然后变成一篇能够表达新的情感和情绪的作文。

第四，平时训练时，可以专门练习一下对作文主题的提炼。下面对这十个作文题目的主题和内容做了一下简单提炼。

1. 我并不完美

（承认自己不完美，但要表达这一点：我虽然不完美，但我没有失去信心，我愿意通过努力来使自己变得更优秀。）

2. 有一种幸福叫感动

（每个人都要经历幸福，都会体验幸福，不同的人对幸福有不同的看法。我觉得自己很幸福，在学习和生活中遇到了很多美好，遇到了不少良师益友，他们做过的一些事让我感动，让我感恩生活，更渴望幸福。）

3. 因为有你

（你是我的好友，也可以是我的老师，还可以是我的家人，因为你的友谊、你的关爱、你的呵护，让我学习、生活很快乐，也收获了很多。希望继续得到你的陪伴、鼓励和引领，也希望自己更加坚强、独立和自信，更加进步。）

4. 爱在细微处

（爱不是空洞的、抽象的，爱是生活中的点点滴滴，是一次次的伸手，是一次次的感动。）

5. 别样的精彩

（学习和生活很多时候都很平淡，但换一个角度看，许多平淡的时光和经历都有着别样的精彩，青春的岁月是闪亮的，少年的情怀青葱而富有。去努力，去追求，让平淡的学习和生活变得丰富，收获就如细水长流，总有惊喜。）

6. 那一刻，我发现了自己

（我一直以为自己不行，很不自信，甚至萌生了自暴自弃的念头。但一次经历让我发现了自我，找到了自我，那是真正的自我，这让我有了自信，也不再自卑。）

7. 总有一刻属于你

（学习很紧张，有时候可能会让人感到青春很迷惘，但努力、专注地做一件事，你会发现你能行。不要迷惘，不要彷徨，总一刻属于你，你才是自己的主人。）

8. ＿＿＿＿＿＿，让生活更好

（可以写：爱，让生活更好。友谊，让生活更好。艺术，让生活更好。）

9. 最好的奖赏

（可以写爱是最好的奖赏，也可以讲述自己曾经失败过，但通过努力重新赢得了优异的成绩，得到了最好的奖赏。当然，还可以写得富有哲理一些：思想，是孤独最好的奖赏。）

10. 前行的路上

（前行的路上，会遇到很多困难，但再大的困难，我都要用坚定的意志、努力的学习与工作把困难打败……）

以上十个作文题的内容和主题不一定符合每一个人的想法，但我觉得你可以试一试，在正式写之前，试着把主题确定下来，把要写的内容想清楚，然后动笔去写。每篇至少写 600～800 字。认真写，写出十篇像样的作文后，再去面对中考和高考，差不多就可以信手拈来了。

第 26 课　怎样写出现实与想象

近几年，北京市中考作文题目出得很有意思，基本上都是两个题目，让考生二选一：一个写现实，一个写想象。比如 2017 年北京中考语文作文题目：

从下面两个题目中任选一题，写一篇文章。

题目一：古人云，“万物贵其真。”这句话启示我们，无论是大千世界中的万事万物，还是日常生活中的为人、做事，都贵在一个“真”字。请将“__________贵在真”补充完整，构成你的题目，写一篇文章。不限文体（诗歌除外）。

题目二：假设你走进一个神秘莫测的森林王国。你能听懂那里花草树木的语言、飞鸟鱼虫的交谈、泉水山石的对话，并且还能和它们一起交流、生活……在那里，你们之间会有怎样的故事发生？你又会有怎样的收获？请你发挥想象，自拟题目，写一篇记叙文。

要求：

（1）请将作文题目抄写在答题卡上。

（2）字数在 600～800 之间。

（3）不要出现所在学校的校名或师生姓名。

显然，题目一就是要写现实。以《__________贵在真》为题写一篇作文，想一想，“做人贵在真”就是一个比较不错的题目。定下题目后，稍微审题，梳理一下思路，就知道如何下笔了。做人贵在真？怎么做人才算真？或者说，注意哪几个方面才算是做人的真？一般来说，讲真话、办实事，才是做真人。因此，“做人贵在真”这个题目就要从这个内容出发，举出事例，把自己生活中的感受写出来，尤其是学习、生活中遇到的求真务实的人与事。这样，作文就有了可靠的内容，观点也可信了。

题目二就是要写想象。也就是要写一个童话作文，或者写一篇幻想故事。爱读童话的孩子一拿起笔，就可以写出一个很有趣的故事。比如对这个题目，一落笔就可以写成《森林王国奇遇记》或者《误闯森林王国》之类的故事。读过《爱丽丝漫游奇境记》和《木偶奇遇记》等经典童话的同学，写起来会很轻松。不过需要提醒的是，如果写《森林王国奇遇记》或《误闯森林王国》这样的童话，因为字数的限制，不可设定太多的形象，只要写一两个形象和一两件趣事即可。写多了，线索太复杂，人物设定得太多，故事就得要很多字才能讲完，所以，要在 600～800 字以内讲故事，要有叙述的分寸，绝不能无边无际地想象，更不能信口开河。

再来看看 2018 年的北京中考作文题：

从下面两个题目中任选一题，写一篇文章。

题目一：一位著名学者曾经说过这样的话：任何一个多少知道

一点自己国家历史的人，都应该对本国过往的历史心怀敬意。历史不仅书写在浩瀚的史籍里，也沉淀在众多的历史古迹和历史文物中。请你任选一处古迹（圆明园除外）或一件文物，将“________，让我心生敬意”补充完整，构成你的题目，写一篇文章。不限文体（诗歌除外）。

题目二：请你用上“伙伴”“困境”“成长”这三个词语，以“在幽深的峡谷里”为开头，发挥想象，写一篇故事。题目自拟。

要求：

（1）请将作文题目抄写在答题卡上。

（2）字数在 600～800 之间。

（3）不要出现所在学校的校名或师生姓名。

2018 年的作文题也沿袭了 2017 年的模式，二选一的题目里，依然是一个写现实，一个写想象和幻想。题目一完全可以写成《天安门城楼，让我心生敬意》或者《编钟，让我心生敬意》。这样的题目不是怀古作文，而是要启发学生，通过对古迹和文物的认识、理解，来谈自己对历史、对文化的看法，而且要联系实际、落到现实，写出自己的观点，抒发自己的情感。

题目二，琢磨一下，可以写成一篇成长童话。世界经典历险童话一般都是围绕“伙伴、困境、成长”这些主题展开的，比如一个童话主人公，往往因为顽皮淘气而离家出走，后来遇到了伙伴、朋友，在伙伴、朋友的帮助下摆脱了困境，克服困难，终于走出险境，在历险中完成了生命的成长。因此，这个题目可以写成像《峡谷历险记》这样的故事，开头就按照要求写，在讲述历险故事时，把“伙伴、困境和成长”等融进去。因为字数限制在 600～800 之间，故事不能太复杂，人物形象最好只有两个：一个是“我”，另一个就是伙伴。故事里对困境的设计也不要太多，只要讲述一两件就可以了，否则结尾拖沓散漫，会超过规定的字数。

以上是对近两年北京中考作文题的一些看法，这些题目要么写现实，要么写想象。作文写现实、写想象，其实都不难：写现实，通常结合现实生活谈看法；写想象，则通常要放开想象力，去讲一个有趣的故事，借此表达愿望。有些孩子在写现实时不能结合实际生活，尤其是不能结合身边的生活与自身的体验来谈看法，写的作文就缺乏说服力，也没有真情实感。

有些同学在平常的课外阅读中没有仔细思考过，他读的作品是写现实的还是写想象的，它们之间的区别是什么；当读到写现实的作品时，是否形成了看法；当读到写想象世界的童话或幻想故事时，是否表达了愿望或满足了自己的愿望。如果平时阅读时能有这样的思考，那像北京中考这样的二选一作文题，做起来也就不难了。

第 27 课　北大“培文杯”小初组题目解读

我曾多次应邀参加北大“培文杯”全国青少年创意写作大赛，担任小初组的评委会副主席和整个大赛的评委。2018 年的北大“培文杯”开题时，由我和北京大学的孔庆东教授来解题。下面是我的解题，希望对你的写作有些启发和帮助。

第一个题目解读。

第一个题目是一首英文诗，要求大家根据这首诗写一篇文章。这首诗原文如下：

I am afraid

You say that you love rain,
but you open your umbrella when it rains.
You say that you love the sun,

but you find a shadow spot when the sun shines.
You say that you love the wind,
but you close your windows when wind blows.
This is why I am afraid,
because you say that you love me too.

从翻译的准确性和有趣性来看，可以把题目译成《我忐忑》。土耳其诗人 Qyazzirah Syeikh Ariffin 的这首诗，写出了一种爱情的矛盾心理。可以试译如下：

我忐忑

你说你喜欢雨，
但下雨的时候你却撑开了伞。
你说你喜欢太阳，
但阳光照射的时候你却躲到了阴处。
你说你喜欢风，
当风吹来的时候你却关上了窗户。
这就是为什么我忐忑，
因为你也说你喜欢我。

对小学生来说，理解这首诗时会受到限制，因为自己的爱情心理体验不够，也不符合小学教育的要求，所以更适合初中生发挥。青春期的学生应该体验过这种矛盾的心理，容易唤起他们敏感的内心，启发他们去理解爱以及其他事物的微妙之处。我把诗的后面两行译成“这就是为什么我忐忑 / 因为你也说你喜欢我”。无论是小学生还是初中生，都可以抓住“忐忑”的矛盾心理来做文章，这样会很有意思。

第二个题目解读。

第二个题目是《纸》，要求大家围绕“纸”写一篇文章。

《纸》这个题目很好，也符合温儒敏教授主编的新部编版语文教材的目标。新部编版语文教材强调阅读，强调读写结合，把语文的目标定位在阅读上，最终达到会写的目标。因此，《纸》这个题目非常好，能够充分显示语文的价值。

对《纸》这个题目，小学生和初中生可以彻底放开想象力，有很大的文字表现空间。纸的故事很多，蔡伦造纸、古登堡发明轮转印刷机、纸上谈兵、洛阳纸贵、纸醉金迷、钻故纸堆……我们读的书、写的文字，所有的智慧的文明的符号似乎都要借助纸来呈现和表达，所有的悲欢离合、嬉笑怒骂都可以通过纸来倾诉。读书是纸上游戏，写作也是纸上游戏，有了纸，我们不用再仅凭一张嘴来表达、来证明；有了纸，白纸黑字让我们的思维更加严谨、信息更加准确。就连爱恨情仇也有了一份清晰的物证。

纸，可以写诗，也可以写故事、写幻想文学，还可以写很多创意性的文字。有了纸，就有创意；有了纸，就可以记录创意。

解题就是审题。北大“培文杯”的专家解题，是为了帮助参赛者理解题目，启发他们放开想象力，在不偏题、不跑题的基础上，写出更具创意的作品。

第 28 课　从作文到创作

作文谈了这么多，大家都知道作文是什么。即使不能说出作文的概念或定义，但都亲自经历过作文，从小学到高中，只要是中国人，就都经历过十二年的中小学教育，都知道作文到底是怎么回事。

严格意义上说，作文就是模式化写作，按照记叙文、议论文、说明文三种模式去写。在写作文时，不但要按照格式写，还要突出主题思想，每一篇作文都要升华主题，不然的话，考试就得不了高分。有意思的是，作文的主题通常要符合主流价值观和形势政策的要求，因此特别强调立意。在作文之前，老师反复强调要有立意、要构思、要谋篇布局，这就意味着，写作文的时候要先入为主、主题先行；这也意味着，要先有模式，再有写作。大家都知道，主题先行其实是写不出好文章的，顶多只能写些应景的文字。或者说可以写出符合要求、看起来也挺漂亮的文章，但绝难写出发自内心的具有个性的文章。但作文也好，创作也好，其目标不是为了应景，而是要展露写作者的心性，培育写作能力，即用文字表达内心的能力和用文字创造一个独特的精神空间的能力。所以，作文的实际写法和要求与创作的目标是不一致的。这也导致了中小学语文教育里的作文教学环节总是脱节，既跟不上语文能力培养的步伐，也跟不上学生们学习的愿望和要求，还难以达到舒放学生心灵、展示学生想象力的目的。而语文老师因为教不好作文，很难在作文方面取得实效，也会产生严重的挫败感和职业倦怠。

那么，该怎么解决作文的困境，让学生从模式化的写作中解放出来？我觉得可以从三个方面来解决，实现从作文到创作，用文字建构自我、丰富人生的愿望。

第一，打破常规的作文模式，从写故事开始。

刚开始写作文时，先学写故事，也就是先学叙述。培养叙述能力是学写作文的最好起步方式。要让孩子学会讲一个完整的故事，完成对一件事的叙述。语文老师可以让学生用 100 来字讲一个完整的故事，然后在顺利完整地讲一个故事的基础上，再鼓励他们讲生动的、有趣的故事。在叙述的训练方面，可以从三个方面来练习：一是讲述家里发生的事，比如和爸爸妈妈待在一起时发生的事情。二是讲述班级或学校里发生的事，比如班上同学之间的争吵、玩耍、打闹等；还可以讲学生和老师之间发生的事情，包括在课堂上发生的事。三是讲述在街道上、旅途上看见的事，或者听别人讲过的一件事。

第二，重新定义好作文，也就是重新定义好作文的标准。

什么是好作文？是不是那些用了好词好句、引用了唐诗宋词和名人格言的就是好作文呢？不是的。好作文是什么？我觉得好作文应该是对真实的经历的记录，或是对真实的想法的记录，再或者是对真实的情感的记录。重要的是，好作文要来自生活，或者来自内心，而不是刻意编造出来的。好作文写的是从个人生活而来的，能够自然表达和叙述出来的经验。好作文之所以好，不是因为用了华丽的辞藻，而是因为它是发自内心的，有真情实感，同时用的是自己的朴质的语言，而不是矫揉造作的词句。所以，好作文的标准就是：立足于自己的生活经验和感受，用质朴的文字写出来。

第三，在讲故事、写故事的基础上，拓展自己的想象力，把写作的基本功练好。

要求做到三点：一要在叙述的基础上学会描绘。怎么在讲故事的时候加上描绘？其实并不难，你可以描绘主人公的形象、外貌和心理，也可以描绘故事发生的环境或场景，等等。加上描绘之后，故事的人物形象就变得丰满了、立体了、好看了，环境也有空间感和感染力了。故事的字数多了，也更生动形象了。

二要在叙述的基础上学会抒情。其实表达观点是一种抒情，不要以为抒情只是表达爱和恨，表达看法、思想和人生观也是一个人的情感态度。写作文的时候，没有必要把议论与抒情分开，应该把议论看成是抒情的一部分。会抒情了，有了自己的观点、看法、思想和情感，文章就会有血有肉，给人丰满的阅读感受。

三要把叙述、描绘和抒情有机结合起来。一个好故事不但要有情节，还要有形象和环境，更要有思想和情感，这三者缺一不可。三者有机结合起来，文字就会很流畅、生动、丰满、有感染力，写出来的故事也就有了审美的意味、有了修辞、有了技巧、有了美感、有了爱与思想。这样的写作，写出来的就是审美的个性化文字，就叫创作。

因此，要实现从作文到创作的跳跃与突破，一定要打破作文的模式化写作，从最可行的讲故事开始训练，通过合理的步骤，达到审美化、个性化写作的目的。在这里想要告诉孩子们，从作文到创作不是不可实现的，通过对作文正确的理解和恰当的训练，就可以达到。一句话，从作文到创作，是模式的突破，也是思维的突破，更是理解力和想象力的突破。希望孩子们不要拘泥于作文形式，更希望语文老师们不要拘泥于作文思维，用智慧和努力，把学生从刻板的作文中解放出来。

第 29 课　怎样写出一等作文

有些孩子写的作文，总分 60 分，每次考试都只能得 46 分或 47 分，顶多得 49 分。孩子很着急，非常希望能写出 56 分以上的一等作文，但不知道自己得不了高分的原因在哪里，也不知道怎样才能迅速提高自己的作文水平。

我辅导过几位小学生的作文，发现孩子们的作文没什么大问题，写一个故事，能够写完整，甚至还能引用一两句唐诗宋词。写一篇议论文，能讲得出道理，表达得也比较清晰。但是读完，就是觉得有点平淡，或者说，觉得文字干巴巴的，好像缺点什么。我还辅导过几位初中生的作文，发现他们都能写到 600 多字，语言也通顺，作文的结构也没什么问题，说出的道理或者表达的情感也是清晰的，但读完后总觉得差点什么，无法把它们归到一等作文里给高分。

我总结了这种二等作文的特点，大体有四点：一是文字比较规矩，形式都对，但写得拘谨，总觉得读起来不够自然，流畅度也不够。二是文章的结构没什么问题，但首尾呼应不到位，整体感差一点。三是写得不跑题，也基本表达了主题，但开头和结尾没有把主题提炼出来，所以一读，总觉得表达的情感和思想不够明确，感染力不够。四是作文里缺失感人的细节，缺乏几个显示作文个性的句子。比如记叙文细节不细、不生动，心理活动写得不细腻，动作写得不够传神，人物的语言写得不够有个性，景物描绘没有把景色的特点传达出来，等等，这些都是缺乏个性化表达的问题。

要想从二等作文里跳出来，写出一等作文，就要总结经验，把作文打磨好。根据指导学生作文的经验，我觉得可以从四个方面来抓好作文，提升作文水平。

第一，平时的作文练习要用心修改，认真打磨。

考试作文写得好不好，有赖于平常的作文练习，平时不认真练习，考试时不可能一提笔就写出好作文。因此，要注意抓好平时的作文，让平时的练笔成为考试作文的基石。不少孩子平时作文写得很随意，老师布置的题目随便一写就交了，老师批改后提出的意见也没好好琢磨，更没有根据老师的意见去进行修改和润色。还有的孩子平时作文写完了，不会自觉地修改润色。其实再厉害的人，要想写出好作文，都得慢慢锤炼字词句篇，都得在修改和补充的过程中，逐步完善自己的作文技能。每写完一篇作文，最好先放一放，过一阵再仔细读一读，就能发现不少问题，找到修改的方式。现在很多孩子都用电脑写作，感觉这样打字很方便，在做作文练习时，这种情况就更需要及时修改、润色和锤炼。修改和润色有一个好处，就是可以培养对文字的敏感度，尤其是培养一种完美主义。金无足赤，人无完人，作文如做人，要尽量做到更好。做人也许不可能完美，但作文可以追求更美。

第二，作文要尽量追求准确、恰当的表达。

准确、恰当的表达有很多种，比如写记叙文，时间和地点就不能太虚，如果一个故事讲完了都没有清晰的地点和时间，这个故事就缺少基本的元素。写一位同学，如果写了600字同学的外貌和特点都还很模糊，就说明表达有问题，或者描绘得不够恰切。写妈妈的爱，写的却不是妈妈的爱，只是写了妈妈的辛勤劳动、对孩子学习生活的关心，虽然这也是妈妈的爱的表现，但如果没有落到妈妈的爱上，就好像在打擦边球，球也上了桌，但不容易接住。写游记，路线要写清晰，地点转换要清楚，一路上景物的出现是有先后顺序的，这些都是恰当的表达，否则就会让人一头雾水。写议论文，观点的表达要一致，不能开头说这个，中间说那个，结尾又没有落回开头的主题上，这样的表达是不准确的，甚至会跑题。

第三，作文要凝练好主题，把思想和情感明确地表达出来。

如果是写说明文，只要把描述做好，把要说明的物体的特征准确呈现出来，就够了。如果是写记叙文和议论文，则一定要凝练主题。写人记事类的记叙文通常要讲一两个故事，为什么要讲这个故事？一定是为了说明或是突出一个主题，表达一种思想与见解。因此，讲完故事后一定要凝练主题，把思想和见解恰当地表达出来，让读者从故事里受到启发。写议论文需要亮出观点，然后围绕某一个观点组织论证，用事例论证，因此论证要紧紧围绕主题，突出对观点的支持，这样的作文就显得紧凑、结构完整，给人以严谨的感觉。如果讲的事例不能很好地支持你的观点和看法，不能让读者从中得出与作文题目一样明确的观点、思想和见解，这个事例的讲述就偏了题。

第四，作文的语言要轻松自如，带给读者愉快的阅读感受。

优秀的作文不但主题突出、表达准确，还要语言自然轻松，能带给读者舒畅的阅读感受。有些作文写得语言枯燥、干巴巴的，甚至有许多长句子，这就给人很拗口的感觉，这样的作文就达不到一等作文的标准。

一等作文一般要符合四个要求：一是结构严谨，首尾呼应，整体感好；二是主题鲜明，观点突出，有说服力和感染力；三是故事生动，描写细致，善于运用修辞；四是语言通畅，语感流畅，清新自然。因此，一篇作文要想写好，是要从多个方面下功夫的。如果一篇作文读起来感情流露很自然，叙述很自然，表达观点很自然，就会让人整体上感觉很自然，这样的作文越读越有愉悦感，读到最后，阅卷人员往往会给高分。

所以，要想写出一等作文，就得在平常多花时间和精力，去练习，去修改，去感受，去提炼。平常的作文练习、小测试的作文都要认真对待，它们都是考试作文得高分的前提。

第 30 课 读微童话，快速学会写故事

有一次，我到北京一所小学给语文老师讲课，讲到如何教作文时，我告诉他们一个妙招：用微童话来快速提高学生的作文能力。

我带来了我写的三个微童话：

爱吃甜果的大白兔

大白兔爱吃甜果，兔妈妈说：“你就两个大门牙，还不保护牙齿！”大白兔捂嘴笑了，说：“妈妈真会开玩笑，吃甜果不会伤门牙的。”兔妈妈觉得大白兔说得有道理，就不吱声了。但大白兔说：“妈妈，您的话倒提醒我保护牙齿了。以后吃完甜果，我要及时刷牙。”兔妈妈笑了，给了大白兔一个大大的萝卜。

大白兔搬家

空气不好，大白兔想搬家。“搬到哪里好呢？”大白兔坐在树

下犯愁。鹅太太说："搬到山那边的草地去吧。"听了鹅太太的建议，大白兔背着行李，爬过山，来到那片草地。让大白兔惊讶的是，这里空气也不好，而且草很少。"怎么办？没想到都这样。"大白兔又犯愁了。这一次，大白兔下决心，搬到更远的山里去。

小熊贪吃

小熊贪吃，很快就长胖了。小鹿提醒他说："要节食，还要运动哟。"小熊觉得小鹿说得有道理，于是开始跑步，也开始节食。坚持了一段时间，小熊看到小鹿，说："我再运动，也没你这样健美的身材。"小鹿笑了，说："可别这么说，至少你身体更健壮了。这就是运动的好处。"小熊受到鼓励，继续坚持跑步。

我给语文老师们两分钟的时间阅读，他们很快就读完了。我问他们："你们觉得这三个小童话有意思吗？"他们都说："有意思。"然后我让他们讲一些感受，老师们的感受主要有这三点：

一是他们觉得这三个微童话虽然字数很少，但的确是童话，而且有趣味。

二是他们觉得这三个微童话都来自生活，好像里面的小白兔和小熊都是身边的孩子。

三是他们觉得这样的童话写起来不难，好像谁都可以写。

听他们讲完，我总结了一下，也谈了自己的体会。我说，当初我在新浪微博上写微童话，因为对话框最多只能写140个字，所以我就想办法用100多个字写出一个故事。另外写的时候，为了让读者喜欢读，尽量让故事有趣味一些，而且要来自生活，这样读者觉得好玩，还贴近生活，他们就能读给孩子听，也能吸引孩子。

我还给老师们讲了微童话写作，告诉他们：如果你们写，也能写得很好。我给他们几分钟的时间，让他们去写微童话，结果每位老师都写出了很有趣的童话，有几位老师还当场读了自己的作品，其他的老师听了都觉得特别有趣。那次课气氛非常好，大家都觉得收获很大。

其实这个办法在我给孩子讲课时也用了很多次，次次效果都很好，每个孩子都能写出微童话来。

用微童话练习写作、练习写故事，是非常有益的。优点主要有三个：

第一，让写作者觉得并不是字数很多才能算是一个故事。

写出一个有趣的故事，其实只要一两百字就够了，写微童话能让写作者消除畏难情绪，对写作产生信心。

第二，生活中所有的物件和小事都可以变成童话里的元素，都可以转换成童话。

可以说，生活时时有童话、处处有童话，只要想写，就可以把自己的生活变成一个又一个童话。

第三，微童话字数少，但故事完整，符合孩子写故事作文的需要。

有的家长和老师总喜欢让孩子写很长的作文，好像写得长才算会写。

其实开始写作文时，尤其是写记叙文，只要孩子能写出一个完整的故事就可以了。让孩子先写短故事，培育兴趣，练习叙事能力，渐渐地，他们就能把故事写长一点。

通过做微童话讲座，我有一个深刻的感受，那就是：写好作文、讲好故事，并不是技术问题，而是思维问题、观念问题。人人都会作文，每个孩子都能成为写作高手，只是家长和老师对作文、对孩子的认识不到位，教育孩子的思维没有转变过来，才让孩子有了畏难情绪，失去信心。

我用一些简单的语言和方法启发了很多孩子爱上作文，也让语文老师知道，作文教学并不难。

第 31 课　成为小作家的几个条件

有不少爱写作的小学生和中学生都想成为作家，不少父母也期待孩子成为作家。这些年我遇到很多父母，他们带着孩子参加北京的各种文学夏令营和冬令营，参加各种文学写作比赛和作文竞赛，甚至不惜代价找名家来辅导孩子的写作。家长这样做，一方面是因为重视孩子的语文学习，另一方面也是因为孩子对语文有兴趣、对写作有兴趣，作为父母，他们想尽量满足孩子的愿望，希望孩子能够在写作上有所发展。还有一个原因，就是现在语文考试作文占分比加大了。此外参加全国性比赛获了奖，升学会更有优势，有些全国性作文竞赛的一等奖还是重点大学提前招录的指标之一。

那么，怎样才能成为小作家呢？根据我自己的成长经历和对其他作家的了解，我觉得有以下六个方面的条件。

第一，家庭要有良好的阅读环境。

要想孩子成为小作家，家庭条件很重要，大凡那些作家，回忆童年时都与书有关，即使是童年时期非常贫困的作家，也少不了要读上几本好书。我遇到过几位老作家，他们小时候没什么好书可读，身边能够接触到的好书很少，但一本古典小说、几本领袖的传记，都可以启发他们对文字的兴趣。莫言的散文提到过他小时候没什么书可读，但《聊斋志异》这本书他反复咀嚼，受益匪浅。后来有人评价莫言的小说，说是受到了拉美魔幻现实主义的影响，其实，他小说里的魔幻是从《聊斋志异》里学到的。还有一些作家之所以走上写作之路，是因为家学渊源，父辈、祖辈都爱文学，且有造诣。所以，家里有书、有阅读条件、有文学氛围，孩子爱上写作、会写作就是一件很自然的事。

第二，遇到一位启蒙老师。

那些成为作家的人，大部分要么是父母支持自己写作，要么是遇到一位好老师，在他迷恋文字时鼓励过他。读这些作家的回忆性散文，会发现很多人都有一个文学启蒙老师——这个人要么是父母，要么是老师，要么是编辑。叶圣陶在《我和儿童文学》里就提到自己初学写作时，《儿童世界》的主编郑振铎敦促他写稿子，于是他一口气给《儿童世界》写了二十来篇童话，其中就有《稻草人》。

我在高中时遇到一位姓吴的语文老师，教学特别认真，把学生的优秀作文用蜡纸刻写油印，制成作文小报《苗地》，贴在学校的橱窗里。我的作文也多次被他刻写刊登在油印小报上，还被当作范文在班上朗读。这对我是莫大的鼓励，树立了我的自信。后来上大学，我遇到一位姓张的校报编辑老师，他鼓励我写作，指导我写新闻、写诗，给我讲文学感受，让我受到了初步的文学启蒙。当然，有的人小时候爱上写作是受到哥哥姐姐的鼓励和帮助，或者初次投稿就遇到了一个负责任也乐于扶持新人的编辑。

第三，参加一些文学活动。

要想成为作家，孩子要尽量积极参加学校举办的作文比赛和文学社活动。现在不少中小学都有文学社和诗社，里面有专门的指导老师，如果孩子积极参加，会有不小的收获。我去浙江一些小学做讲座，发现那里一般都有热爱文学的老师组织诗社、文学社，带着孩子写诗、写童话。此外还可以参加一些校外文学活动，包括一些作文比赛和夏令营。现在各地都举办少儿文学竞赛和作文比赛，有的是针对少儿的比较权威的创作比赛，比如北大“培文杯”全国青少年创意写作大赛，参加这样的比赛一是可以练笔，测试自己的写作水平；二是可以遇见一些文学大家，因为这个大赛的评委都是国内顶级的作家和教授。

第四，争取得到名家的指导。

大家可能知道“80后”文学现象，在“80后”那一批青年作家中，有的刚出道就拜曹文轩、白烨等著名作家、评论家为师，有的出版处女作时还请曹文轩、白烨等名家写序，提高作品的知名度。对更年轻的小作者来说，如果有条件，可以到北京、上海拜访一些文学名家，请教写作的问题，通过与名家的接触，受到感染、感召，提高对文学的认识与理解。还可以到图书馆或大学里听听文学名家的讲座，读一读名家的作品，间接地接受名家的熏陶和指导。名家引路有两大好处，一是能够快速提高对文学的认识，二是能够借助名家的名声或资源进入文学圈。

第五，家人的支持很重要。

爱上写作，渴望成为作家，需要家庭的支持、父母的鼓励。很多作家的背后都有家庭的支持，尤其是家庭读书环境给人的影响是巨大的，从小接受文学的熏陶，接触各种名著，就是在精神上打底子。因此，父母的支持、家庭环境的支持，对一个人的成长至关重要。我遇到不少小作家，他们之所以对文学有浓厚的兴趣，就是因为家里有不少文学书，父母也酷爱文学和写作，或者爷爷奶奶和外公外婆很支持。一位天津的小作家高中就出了三本书，她的外公是一位大学教授，家里有丰富的藏书，她小时候因为受到文学的熏陶和外公的关怀，特别爱读书、爱写作，很自然就成了一名小作家。

第六，要有耐心坚持写下去。

前面五条对于孩子能否成为作家起到很重要的作用，但最重要的，还是自己要有耐心坚持去写。前五条都是外部条件，第六条——孩子自己主观上的努力和行动，才是最重要的。耐心和坚持，是一个人做好所有事情的基本品质，没有这一点，要想成为作家，只能停留在空想阶段。《淮南子》里有一句话："与其临渊羡鱼，不如退而结网。"这句话的意思，就是与其站在深潭和河边想吃鱼，不如回家结网捕鱼、捞鱼。所以，能否成为作家，最终还是要靠自己努力去写，在不断的写作练习中提高自己、训练自己，使自己的文字更加接近文学作品的品质。

当然，每个人的条件不同、经历不同，能否成为小作家会受不同因素的影响，不过无论怎样，基本条件具备了，作家之路就会变得通畅。

第二篇

优秀作文例读

这些年，常有家长和老师发一些孩子的作文给我看，有的孩子是我身边的人，他们很喜欢写，我会鼓励他们、提醒他们，有时候指导一下、启发一下，效果很好。

这里搜集的孩子作文，都是我应报纸杂志编辑之约，或者作文大赛举办单位之约写的点评，以及对一些家长用邮件发给我的作文的点评。我都做了认真指导和点评，他们的作文写得自然、轻松、流畅，看一看，对孩子、家长及老师都有帮助。

捉月亮

深圳市南山区后海小学五（3）班　王宣懿

我四岁的时候，到乡下外婆家玩。

一天晚上，吃完晚饭，我去后院玩耍，看到墙角有一个大盆子。“奇怪，盆子里怎么会多了一个月亮？”我自言自语，走过去仔细看一看、摸一摸，一伸手，月亮不见了，过一会儿，她又出现在盆子里了。我连忙去叫隔壁的小伙伴来看。

“盆里有个大月亮？”她抬头望望天，半信半疑地问：“大晚上，是不是骗人呢？”

我拉她去后院，说：“快走快走，等下月亮跑了就看不到了！”

我俩气喘吁吁地跑着，突然，我们不约而同往天上看，异口同声地说：“月亮不是在天上吗？”我生怕她说我骗人，于是就告诉她，盆子里可能是月亮宝宝，太调皮，趁妈妈不注意偷跑出来玩儿。我们边说边跑，到了后院的盆子旁边。

“你说的是真的，月亮宝宝在盆子里睡觉呢！”她开心地叫道。“哎，还好月亮宝宝还在。”听了她的话，我心里偷乐。

“月亮宝宝怎么这么晚还不回家？”她边说边去摸月亮。我连忙制止她，说：“不要摸，月亮是我家的，谁也不许摸。”我像“鸡妈妈”一样护着月亮宝宝，生怕它被摸了就跑掉了。她没有摸，我们静静地看着盆里的月亮，直到困了才回屋睡觉。

第二天，我俩都很早就过来看月亮宝宝，发现月亮宝宝不见了，盆子里是大大的太阳。会不会藏在太阳底下了呢？我们两个一起在盆里找月亮，谁知道太阳也不见了。我伤心地大哭起来：“谁把我家月亮宝宝偷走了？”

妈妈听到我的哭声，跑到院子里来，听完我们的描述，微笑着说：“晚上月亮宝宝就回来了，你们等晚上再来找她玩吧。”

到了晚上，我们真的看到月亮宝宝又出现在水盆里了。那个最开心的假期，就是等月亮宝宝、捉月亮宝宝。虽然现在想一想觉得很好笑，但是我和小伙伴一起捉月亮的乐趣至今难忘。

点评

盆子里多了个月亮宝宝，天一亮，月亮宝宝就不见了，“我”和小伙伴很伤心，妈妈说晚上月亮宝宝就会回来，到了晚上，真的回来了！多么美好的想象，成就一个开心的假期，这篇文章写得很有想象力。

神烦的堂弟

北京市顺义区东风小学四年级　龚梓裕

“最近比较烦，比较烦……”我又哼起来，朋友问我：“烦什么呀？”我说：“还不是烦我那个两岁的堂弟！”

别以为我小心眼，给你举两个简单的例子吧。

几个月前的五一劳动节，堂弟、六岁的堂妹和二爸二妈一家风风火火地来袭了，来袭了！我一听到这个消息，心里惊个半截，半截呀！果然名不虚传，堂弟一到我家，高兴得不换鞋就跑呀跑。他在我刚挥汗如倾盆大雨辛苦擦完的地板上脚下生风，我想阻止他，可他在前面乐呵呵地自顾自跑，整洁亮丽的地板上立马留下一排整齐的鞋印。没办法，我跟在他屁股后面压着冒出三丈的火，擦啊、擦啊。真是不折不扣的劳动节！

好啦，到吃饭时间了。我们上了餐桌，不知是老妈偏爱堂弟还是怎么的，人家炒的都是堂弟爱吃的菜……终于看见桌子一角摆着一样我的爱食了，一叠压缩饼干。没想到他还专学我，也吃这个，结果压缩饼干被他抢去一大半，但他一块也没吃，全浪费了，害我少吃一大半！事还没完呢……人家看我要下楼玩了，不让我走，满是菜油的手一把抓住我的新裤子。我想：完了，那裤子废了……因为菜油是很难洗掉的。

再说一件和堂弟有关的事吧。

那个小假期我们全家出去旅游，妈妈打电话让二爸帮忙给我家养的花浇水，结果堂弟也跟着来了，他们全家和爷爷奶奶都来了。这倒好，我哥放卧室里的那个超贵的飞机模型五年都没坏，被堂弟看见了，他够不着，就让奶奶抱着拿了下来，硬是给折成了两半儿！可气的是，我们全家旅游回来，大门就那么开门见山地敞着！

不多说，就先告一段落。人家可有艺术了，在我家闲得没事儿干，优雅地拿起我的作业，优雅地撕成了“蒙娜丽莎的微笑”……那灿烂的余晖，映在他那充满艺术感的脸上……

妈妈安慰我说：“小孩子都这样！”唉，常弟啊堂弟，你什么时候能长大？

点评

这篇作文是写人，也是记事。作者讲了自己堂弟的两件事，语言很风趣，把堂弟的淘气表现了出来。写人作文就是要这样，抓住最能表现性格的事例，同时把事件讲得清晰又有生活气息，就能给人真实感。神烦的堂弟，表现出了“烦神”这两个字的内涵，读来很有意思，是一篇幽默作文。

大熊讲诗

北京市朝阳区师范学校附属小学望京分校五（9）班　曾子滢

森林课堂真热闹，
叽叽喳喳叫不停。
来了大熊这位作家，
它要和小动物们一起读读诗。
它讲讲小兔子的诗，
鼓励的话儿说不停。
它读读月亮的诗，
告诉大家怎样写得更有寓意。
它启发大家读好诗，
还用诗句告诉大家要读好书。
它说读书丰富知识，清醒头脑，
还表演了一下读书的样子：

腰要直，姿势要端正。
它还讲自己是怎么写诗的：
要有美的语言，要有美的意象，
好的诗一定要体现文字的美妙。
小动物们听了很受启发，
大熊讲诗那一幕让它们终生难忘。

点评

这是我去作者的学校给孩子们讲诗时，作者写的。诗里，她把我比喻成了森林里的大熊，写得很有趣味，用诗讲故事，而且很有童话色彩。如果你喜欢写诗，不妨把你每天经历的有趣的事写成童话诗。

写给爸爸的一封信

北京市石景山区实验小学三（4）班　姜婷格

亲爱的爸爸：

你最近还好吗？我很想念你。

爸爸，我想告诉你，今天发生了一件不幸的事情。今天本来是我参加围棋考级比赛的日子，我暑假里一直在上围棋集训班，就是为了今天能顺利打入五级。我每天都既担心又兴奋地期待着这一天的到来。担心的是，自己万一失败了怎么办？兴奋的是，终于有机会考级了，可以证明一下自己的实力了。可是，昨天晚上我突然发高烧了，烧到了39度多，妈妈给我吃了退烧药和消炎药，我们多么希望第二天早晨我能健康地去参赛啊！

今天早晨起床后，我的体温降到了37度。我很想去参加比赛，感觉自己还可以，妈妈就开车带我上路了。走到半路，我感觉头昏昏沉沉的，测了一下体温，又升到39度了，妈妈当时就决定不让我去了，没办法，我们又返回家里。当时我头很晕，难受极了，吃了很多苦药，睡了半天，到下午才渐渐好起来。到了晚上，体温已经恢复正常，胃口也开了，吃了很多饭，现在很精神，你放心吧。

刚才，我围棋班一个朋友的妈妈打来电话说，我们班参加比赛的人基本上都顺利晋升到五级了。这个朋友和我一样，也是因为发烧弃权了。我听了以后，心里既高兴又难过。高兴的是我们班的水平还挺高的，难过的是自己失去了这次机会，下次的比赛得等三个月以后了。不过没关系，我可以利用这一段时间使自己的围棋水平再提高一些，下次也许很轻松就能通过呢，你说是吗？

爸爸，天气变凉了，感冒的人很多，你一定要注意身体噢。

最后，祝爸爸身体健康，工作顺利！

您的女儿

姜婷格

2009年8月28日

点评

这封给爸爸的信写得情感真挚，体现了一个女儿对远在他乡工作的爸爸的思念。同时你可能发现了，作者的感情流露不是空洞的，而是通过诉说、交心和问候的方式来实现的。

班长争夺战

北京市海淀区万泉小学五年级　陈佳迅

“咳咳！”星期一的班会上，班主任米老师清清嗓子，讲道：“因为班长李欣转学，所以我们要组织一次竞选活动。这次共分五关，一轮一轮淘汰，下周开始竞选，一天一关。之后再给一周时间，让大家考虑一下选谁。”思维缜密的米老师一口气讲完，便让同学们自己讨论。

“我要参加，你呢？”林秀秀激动地问同桌雯静。“我就得了吧，成绩又不好。”雯静，一点也不文静，剪个短发，大大咧咧像个男生。“但我可以帮你想些点子拉票。”“好啊！”林秀秀给了她一个拥抱。

林秀秀是谁？各科都是尖子生，内外兼修，属于熠熠发光的校花级人物，这次的班长位置非她莫属。

但有人却不这么想。佟家明坐在不远处，嘴勾起一个盛满嘲弄的弧度。还不知道谁胜谁败呢，我佟家明也要参加。你是校花，我是校草，咱们骑驴看唱本——走着瞧！

新的一个星期终于在大家的期待中开始了。星期一，米老师给参加竞选的十九人发了一张问卷，是关于学习和阅读的。这第一关便淘汰了五个成绩不好又不爱阅读的。林秀秀看书不是特别多，差点被淘汰，吓得她直抹冷汗。要知道，班长可是她梦寐以求的职位。

星期二，老师发了一份关于业余爱好的卷子。这对林秀秀来说可是小 case，倒是佟帅哥汗颜了：他平时就爱看看书、打打球，幸好他填了一个脑筋急转弯，不然就被淘汰了。

周三、周四，林秀秀和佟家明安然度过。

周五，米老师组织辩论赛，两人一组，校花校草当然一块儿上。佟家明的辩论能力真不是盖的，本来他们要辩论鸡比狼聪明，没有胜算，他却硬把对方辩了下去。

接下来的一周，每天都能看到林秀秀帮同学做值日的身影，大家有难题也找她帮忙解决。为了当班长，林秀秀在佟家明想帮忙时总说活儿都干完了，让他没事干。雯静又给她想了个点子！给同学点小恩小惠。于是，她捐给班里一台打印机，这下班里就不怕没处印东西了。

现在班里同学们都说林秀秀好，她美得都要冒泡了，然而佟家明却一点也不紧张，打印时还会走过来，靠在打印机上，嬉皮笑脸地问她能不能把他的也打了！这样的人怎么会有人投票？林秀秀心想。

“大选”那一天，林秀秀无语了：脸皮厚得起茧子的佟家明居然和她得的票数一样多！

“下面，我宣布林秀秀和佟家明共同获得班长这一职位！”米老师笑得特别灿烂。

这时，下课铃响了。“要不要庆祝一下？”是佟家明的声音。林秀秀转过头，目光撞上佟家明充满笑意的双眸。“喝吧，我新买的，没毒。”

林秀秀低头，手中握着佟家明递过来的果粒橙。“哎哎哎，”林秀秀疑惑地问，“你也没拉选票，怎么这么多票？”

“因为我是校草啊！向人家放一下电就行！我可不像某人那样，拼命拉选票！”佟家明哈哈大笑，“林大班长，你觉得这个某人是谁呢？”

“你……”林秀秀气得抄起果粒橙，满教室追佟家明。“你给我站住！”

“就追不上，追不上！”佟家明绕起了圈子。

一个课间就在两位班长的欢声笑语中结束了。

点评

竞选班长，这个主题本不新鲜，但这么一写，倒很有意思。一男一女，校花和校草，互相竞技，而且都很有个性，也有招数，可说各施魅力。最后，两人都当选班长。这算是一篇小说了，写得很好。班主任虽然不是主角，但让两位都任班长，却是惊人之举！小说的结局出人意料。建议你投给《东方少年》！

“三十六计”戒网瘾

北京市北京小学五（5）班　晋伯骜

我是一个超级“网游迷”，周六上午，我正痴迷地玩着微信游戏“酷跑”，爸爸神秘地凑到我耳边说：“你妈可有点不对劲儿。”我仔细一想，还真是的，这周妈妈一直闷在书房里，没怎么露面，耳边确实清净了不少。

我好奇地来到书房门前，轻轻地推开门，尽管门“吱吱”作响，但妈妈居然头也没回，两眼直勾勾地对着电脑屏幕，双手不停地敲打电脑的键盘，嘴里不停地嘟囔：“好极了……再来一个”“还有一个……看你还往哪儿跑，哈哈……”莫非妈妈也有了网瘾？

让我先“调虎离山”，探探虚实。我大喊一声：“妈妈！你手机响了！”只见妈妈虽然嘴里不住地应着，可眼球却像被黏在屏幕上，恋恋不舍地离开了电脑。我趁机飞速扫了一眼屏幕，老妈够时尚的，在开心网上玩“掏鸟窝”呢。很快，妈妈又回到电脑前“声东击西”“十面埋伏”……

我不禁暗自高兴：感谢网游啊！拴住了妈妈，解放了我，我又可以去玩酷跑喽！哈哈！

十点了，妈妈还没催我写作业，我的嗓子都快冒烟了，于是端起水杯就喝。可是里面一滴水都没有，唉！这老妈也太不像话了！迷上了游戏，把他的心肝宝贝儿子忘得一干二净！看来我得拿出老妈最怕的一招——苦肉计——吓吓她。我摆出一副痛苦相，凑到妈妈旁边哼哼开了：“哎呦……肚子……疼……”

可妈妈根本没拿正眼看我，顺口说了声：“喝点热水，床上趴会儿去。”眼看中午了，我还没闻到饭菜的香味儿，我的肚子开始“咕咕”抗议。转身看看，老妈还在为找一只珍贵的“鸟蛋”寻寻觅觅！我终于按捺不住了，网瘾真害人呀！不帮妈妈戒掉网瘾，我誓不为人！

这次，我使出杀手锏——激将法：“妈妈，我一点儿作业都还没做呢，一直玩游戏呢！”我边说边观察她有什么反应。“为什么不做？”这回，妈妈总算把头转向我。“大人是小孩的榜样，你玩电脑，我玩酷跑！”我摆出一副悠然自得的神态。“那怎么行……可是……”她不甘心地说。

见她有些犹豫，我赶紧追了一句：“以后你不玩，我也不玩！”妈妈说：“真的？”“君子一言，驷马难追，拉钩！”我抓住时机，紧追不放。

妈妈和我拉钩时，和站在一旁的爸爸互看了一眼，笑了笑，很会心的样子。咦？难道我中了老爸老妈的连环计？哎，姜还是老的辣呀！

点评

这是一篇记事作文，写得很好！妈妈迷上了网游，这下孩子可不干了。作者把亲身经历写出来，而且把一家人和谐的关系也表现得很自然，是这篇记事作文的精彩之处。其实，记事作文重点就在讲述一件事上，当然也要突出人物的性格、情绪。这篇作文把事讲得很清楚、很生动，在这个基础上，又生动地描绘了人物的行为和语言，所以整体来看，很有吸引力。写人、记事，不吸引人，这样的作文就不算成功。

妈妈的疯狂手机

江苏省溧阳市实验小学五年级 蒋佳珈

一脚踏床，一脚抓地，身子挺得倍儿直，眼神冰如霜利如剑——妈妈正高高在上地盯着我弹奏练习曲。

“妈妈，左手弹这么重好不好啊？”我已经弹得头昏脑涨了。

“最好的办法就是——拿手机把你弹的录下来，再自己听听好不好。”妈妈把手机丢给我，自顾自地走到了电视机前的跳舞毯上。我按下录音键，深吸一口气，开始弹奏动感十足的练习曲。缓缓地按下最后一个音，我闭上眼睛，细细地回味着自己的演奏。良久，我如释重负地吁了口气，拿起手机，开始播放。我一边专注地听着，一边观察妈妈的神情，只见妈妈的脸上风云变幻：“可以过关了！”

“耶！”我兴奋地跳起来，正准备把手机还给妈妈，却惊讶地发现手机不知啥时染上了倔脾气，停在播放页面不动了。我索性乱点一通，可它还是毫无反应。“我的妈呀，中毒了！”手机发起飙来——屏幕疯狂抖动，在闹铃和录音之间无数次快速跳转。“手机，你不晕吗？我都快看迷糊了……”就在我不知所措的时候，一个浑厚的男低音突然响起来：“亲爱的，起床了……”“哇哈哈！”我笑得前仰后合，就连专心跳舞的妈妈也忍不住开怀大笑。妈妈抓起手机，把它塞到了电视后面：“去，再弹一遍《欢乐颂》就可以休息了。”我撇撇嘴，虽然心里很不情愿，也只好坐回琴凳上。欢快热烈的弦乐声飘荡在空中，与此同时，如行云流水般的古筝声也从电视后面响起来。一个女高音几乎穿透了我的耳膜：“啊——拉啊——呜呜啊……”尖利的女高音刚唱了一句，就被一个雄浑的男低音打断了：“宝贝，呜呜……”高分贝一下跳成低分贝，我就像坐过山车一样头晕目眩。妈妈一把抓起这欠揍的疯狂手机，干脆把它调成了静音：“唱给你自己听吧！谁口味这么怪，爱听这种鬼哭狼嚎！”

“这都是你经常摔手机的结果！”妈妈忍不住埋怨我，“又要拿到修理店去了。”我怪不好意思的——写作业时，手机从桌上掉落；打电话时，手机从指间滑落……其实，我也是不小心的。练琴的日子好枯燥，要是没有疯狂手机的陪伴，我会觉得很无聊。

点评

很喜欢这篇作文，主要是它写得很有生活情趣。妈妈要女儿弹钢琴，可是手机开始响铃，而且是没有规矩地乱响。这明显干扰了女儿弹琴，但它却成了母女之间的快乐调料。围绕一个旧手机，从妈妈和女儿之间的言语和行为可以看出母女间和谐的感情，展示了家庭的温馨。

抢“长命线”

浙江省奉化市锦屏中心小学502班 宋玄烨

在我的老家，过年的时候有抢“长命线”的风俗。长命线大多是由红、黄、白三股丝线拧成，十分好看。它寓意长辈对孩子的祝福，希望我们平平安安、健健康康地长大。正月初一那天，孩子们都要去祠堂抢长命线，有的长命线上还绑着钱，并非见者有份哦！

大年三十的晚上，我们十几个小伙伴约好第二天早上六点半在大操场集合，然后一起去祠堂抢长命线。我一夜都没睡踏实，天还没亮就从床上爬了起来，用最快的速度洗漱完毕，兴奋地冲出了家门。一路上黑灯瞎火，只听得见自己的心跳声，我有点害怕，腿也不由自主地打起颤。但是想到心心念念的长命线，我还是壮着胆子朝大操场跑去。嘿，好家伙，居然有三四个小伙伴已经到了！我们几个手拉手，互相加油打气，兴冲冲地向祠堂出发了。

“公公新年快乐！婆婆新年快乐！”祠堂里的老人们简直不敢相信自

己的眼睛，没想到平日太阳晒到屁股也不肯起床的孩子们今天会来得这么早。婆婆手中的长命线还来不及藏起来，我们已经迎面扑了上去。小胖挤进人群，双手使劲抓着长命线，用力往自己的怀里拽。我急得直跺脚，一把推开小胖，抢过他手里的长命线，情不自禁地喊道："这是我的，这是我的……"乐极生悲，我的手一滑，长命线掉了下去。小乐反应神速，立刻使出吃奶的力气猛地一抽，长命线最终落入他的手里，真是鹬蚌相争，渔翁得利啊！他高兴地大声欢呼："我抢到了！我抢到了！"看到我们没抢到的一个个垂头丧气，公公婆婆们赶紧又拿出几根长命线，我们这才心满意足地回家了。

一路上，我小心翼翼地摸着脖子上的长命线，心里那股得意劲儿简直飞上了天。爸爸妈妈如果知道我今年抢到了长命线，会是什么心情呢？我一边想，一边加快了脚步，妈妈肯定在家里煮好了美味的汤圆等着我呢！

点评

各地的民俗风情都不太一样，过年的习俗也不一样。这篇作文里写的"长命线"故事很有意思，是一个很有趣味也很快乐的故事。讲故事要有头有尾，要有一根线把它连起来，要完整。这篇作文叙述流畅，故事完整，又不失生动，值得一读，可做叙事作文的范文。会讲生活中的小故事，再多练笔，将来一定会讲复杂的大故事、长故事。这是一篇好作文，也是快乐的童年记忆。

读《窗边的小豆豆》有感

青岛市市南区第二实验小学四（2）班　崔晓穜

一个叫小豆豆的小女孩被自己申请的学校拒绝了。她的妈妈非常担忧，领着她走向另一所学校——巴学园。妈妈表面上依然平静，但心里却充满了茫然、疑惑，毫无把握。

幸运的是，巴学园的校长小林先生愉快地接受了她。小林先生聚精会神地听小豆豆说话，足足听了有四个小时，这位校长太伟大了。值得一提的是，这本书的作者在表达自己喜欢什么时，并没有站在对立面说不喜欢什么，而是用温和、宽容的方式去诉说。我觉得这种写作方式值得借鉴。

我真心喜欢上了小豆豆，她的迷人之处就在于她的善良，当所有人嚼过“健康树皮”都说不苦时，小豆豆好开心，因为她希望所有人都健康。

这本书在后记中说道：“好多孩子读到巴学园被毁的部分时，都感到战争很坏。”作者认为哪怕仅仅只有这样的认识，写这本书就很值得了。

“世界上最可怕的事情，莫过于有眼睛发现不了美、有耳朵不会欣赏音乐、有心灵无法理解什么是真。”

“你们大家都是一样的，无论做什么事情都是一样的。”

小林先生的话，真让人感动。

能如此快乐地成长，其实是我们每个人都向往的，不是吗？

巴学园，一个自由成长的地方。

点评

这是一篇读后感，属于观点作文，不过这篇观点作文并不是围绕某一个观点展开论述、进行论证，而是写自己读了书之后有什么收获、有什么感受，从书里得到了什么，哪些是她认为最有价值的。从这篇读后感可以看出，作者认真读了书，也用心读了书。

谁动了我的面包

北京市通州区潞河中学新疆班预科（2）班 祖力胡玛尔

阿兰希德的上空总是悬浮着凝雾般的压抑，这是艾斯卡罗比亚最边缘的一个小镇，似乎与这新兴繁华的国家相背离。阿兰希德的空气里总是挤满了近乎传说的古老气息。

站在十字路口，艾斯比特先生无光的眼神投向周围，像个没有电源无法运转的机器一样，目光呆滞、血液凝固。事实上，艾斯比特先生更像一个丢了玩具的小朋友，陷入了无限的恐慌，生怕被古神话里的魔兽夺取一般，脑海里膨胀着各种悬念和疑问。

说到这儿，我不得不介绍这位像木偶一样的先生。艾斯比特先生，阿兰希德镇上一位德高望重的面包师，继承着祖辈遗留的秘方——卡罗甜馅面包配方。正因为这样，让他自小在富足幸福安定的家庭中成长，年轻时与牧师美丽的女儿相爱，组建了幸福家庭，继续壮大祖业，还生下可爱的双胞胎女儿。

然而故事发展到这个路口，的确与之前叙述的浪漫有些出入。那么，艾斯比特先生的苦恼又是什么呢?

这或许与阿兰希德传统的气氛有关，这里的人们生活中总有那么一个很重要的元素——迷信。像是活在彩色世界里的蜡笔崇拜童话一样，镇上的人们都相信甚至信仰这样一种职业，那就是解梦人。日有所思，夜有所梦，人们愿意敬仰解梦人，听他解析自己离奇古怪的梦。然而，任何一个经娘胎投胎来世的人都可以想到解梦的两种后果：一是听到自己的梦预示着美好和幸福的人，像是吃了蜜饯般感到生活的甜蜜，更加尊重解梦人；二是听到自己的梦是对现实的残酷诅咒，像被扔进地狱一般，火化了生活的信心，因此心中难免对解梦人产生异议，却将仇恨投入自己的生活。

不幸的是，艾斯比特先生恰恰被编入第二种人的行列。离这路口不远的安乐街，坐落着一幢传统建筑风格的小屋子，门口挂着一个孤零零的铃铛，在风中作响，让人听着有些寒战。可怜的面包师艾斯比特先生刚刚在这里受到了生命中前所未有的打击。我们沿路走到面包师刚离开的这个小屋，之前没有注意到的是，门的左上角挂着一个牌子——“解梦屋”。没错，艾斯比特先生刚刚在此与一个自称解梦大师的叫罗切尔的中年男人对过话。

“哦，尊敬的解梦大师，罗切尔先生，真高兴能与您会面，您知道，预订与您的会面，对我们这些小老百姓来说是多么的不容易。哦，真感谢神！”看得出来，他是位虔诚的信徒。他十指相扣，恳切地说：“真不知道这样冒昧地来找您是否合乎礼仪，但我着实为一个梦而烦恼，只有您能帮我，不知道您是否乐意听一听？”

习惯于被恭维的解梦大师表现得很是冷静和不屑，他高高地仰着头，顺着高挺的鼻翼看着面包师说：“亲爱的面包师，您大可不必担心，说来听听吧。我会凭借自己对神的忠诚给出一个正确的解析。”

艾斯比特先生听了，舒了口气，紧接着说道：“事情是这样的，罗切尔先生，您或许听说过我开的面包店。这是我一生热爱的事业，那些可爱的卡罗甜馅面包是我快乐至今的原因。但从昨晚开始，一切都变了，我梦见我在面包店把刚刚出炉的小面包摆在窗外的柜台里，正美滋滋地享受扑鼻而来的麦香味。可是突然，我看见一群长着彩色翅膀的大鸟纷纷飞下来，叼走了面包，我却束手无策，还被街坊邻居嘲笑，之后就在冷汗中惊醒。我想了很多，秘方的传承本一直都是我心头的一块大石头。我的两个女儿都对做面包不感兴趣，但祖业不能失传呀！卡罗甜馅面包是镇上每一个家庭赞不绝口的甜品，更是人们心灵的良药。我真心为大家做面包，带给大家快乐，却做了这样一个毛骨悚然的梦，罗切尔先生，您说说，这是不是什么不幸的预兆？”

“哦，善良的艾斯比特先生，还是让我来说吧。尽管我也十分喜欢吃您的面包，尤其是那种奶香味、那种入口即化的酥脆，让人有种返璞归真的感觉。可是出于职业道德，我不得不专业地告诉您这个梦的真正解析。真是令人苦恼，我认为您有必要关了这家店，去寻求其他职业。这或许对您来说十分困难，但是那些大鸟叼走的面包已经告诉您答案了。您钟爱的面包将遭遇打劫，您再也卖不出任何一个面包，这是神对您的忠告。”

解梦大师的话音刚落，就像冷箭般刺入面包师的心。艾斯比特先生几乎是强忍着满眶的泪水，哽咽道：“尊敬的罗切尔先生，我一直都愿意相信您，尽管我十分舍不得我的职业，但是我会立马处置那些剩下的面包。再见。”说罢，艾斯比特先生欠了欠身，顶着一层乌云，绝望地离开了。

这就是让艾斯比特先生的大脑停止运转的原因。我们差点儿忘了，那位可怜的面包师还站在路口四处呆望呢。

看看吧，他的眼睛里布满了血丝，深邃的皱纹从额头伸出，又向两鬓无限延长，最后与黑白相间的松卷的头发相交。耷拉在两侧的悬在双臂下的手，宽大而有力——这正是那双制造出人间美味的拥有神奇魔力的手。真不敢相信，用一生辛勤打造出来的事业，难道就因为什么解梦人的所谓见解而倒闭吗？然而，我们也不敢指望在神的预兆和理智面前，阿兰希德镇上的人们还会做出什么令大家满意的事情。

不出预料，艾斯比特先生回到家，向家人通知了这个噩耗，关闭了店铺，在大家诧异交杂疑问的眼神中消失了。

他是该冷静地想想了。走在街上，一步一挪，根本没有发现街道上的人们看到往日像太阳一样灿烂可爱的面包师陷入这样一种低落，都很惊讶。路易斯一家的小女儿蹦蹦跳跳地来到艾斯比特先生面前说："早上好，先生，我妈妈生病了没胃口，只想吃您家的甜馅面包……""不！小姑娘，离我家的面包店远一点！我再不出售任何一个面包。"小姑娘被吓坏了，提起裙边礼貌地欠了身，一溜烟儿跑开了。可面包师又何尝不痛苦呢？他早已失去了自我，只记得莱茵河的清凉能让他冷静。他像个程序混乱的机器，无法被意念控制。

莱茵河可真是不错的选择。面包师坐在草地上，面朝河水陷入沉思。"早上好，艾斯比特先生，真高兴能在这儿遇见您。"身后响起牧童的声音，是个叫杰米的小男孩儿。

"嗯。"面包师无力地回应。"哦，可爱的先生，您怎么了？怎么不去开面包店啊？""我的孩子，再别提那个面包店了，解梦师听了我做的梦，建议我放弃那些面包，咳……""先生，愿意讲讲您的梦吗？我愿意为您分担一些。"面包师的梦就像童话故事一样，小杰米认真地听完，又说道："先生，您说的彩色翅膀的鸟儿是童话故事里代表着希望和爱的鸟么？他们总是搜集人间快乐的元素，撒向更多的地方。您的面包带给我们全镇的人快乐，那些鸟儿会把它们带去更远的地方……”

小男孩带着羊群离开了。此时，艾斯比特先生心中的阴霾被驱散一空！一份家族的事业，带给小镇上人们快乐的工作，面包师能说放弃就放弃吗？卡罗面包的真正寓意就跟它的馅儿一样，要带给人们甜蜜。而真正抢去面包的，不是那个解梦人该死的见解吗？是谁动了面包师的面包？不是可爱的鸟儿，也不是强盗，而是仇恨的心理对童话下的诅咒！

真高兴，我们的面包师没让大家失望，最终还是相信了心中的童话。

黄昏降临的时候，晚霞托起了凝雾。再往面包店的方向望去，窗外的柜台早已摆出了甜馅面包，散发着酥香，笼罩了整个阿兰希德。

本文获得“东方少年　中国梦”第二届新创意中小学生作文大赛文学创作组“银牌小作家奖”。

点评

这篇小说构思精巧，还很有哲学意味。面包师因为听信了解梦人的话，关闭了祖传的面包店，最后要到河边自尽。可他遇到了一个牧羊的孩子，他给出的解梦截然不同，让面包师燃起了心中的希望。在这篇小说里，有一种很浓郁的氛围营造，面包师心理活动的流动是小说的叙述线索，使得整篇小说带着明显的意识流色彩。小镇特有的环境也有所展示，简练的对话又带给人想象。作者拥有小说的智慧和文学的天分。应该说，这是一篇比较成熟的小说。

足尖上的“多多”

北京十二中科丰校区初二（6）班　康筱琪

明媚缓缓地睁开眼睛，出现在眼前的是一片白。她揉了揉眼睛，才看清她此时正躺在雪白的床单上，输着液。她惊讶极了，想伸一伸腿，却毫无知觉。她惊恐地掀开被子，看到腿上绑着厚厚的绷带，痛苦地闭上了眼睛。

中国第二届芭蕾舞大赛就要开始了，身为一个从三岁开始学习芭蕾、学了十多年的孩子，她梦想着自己能站在高高的领奖台上。为此她每天苦练基本功，信心满满地准备参加这次芭蕾舞比赛。可是比赛的路上，就在那一瞬间，“砰”的一声，不幸发生了。她惊慌地闭上眼睛，醒来后，就躺在了医院的病床上。

“今后你的腿就再也不能做剧烈运动了！”医生的这句话就像一声晴天霹雳，打碎了少女心中的梦。她的眼泪悄无声息地涌了出来……

一个月后，出院的那天，天空中飘着蒙蒙细雨。她一手撑着伞，一手拄着拐，艰难地行走在回家的路上。宁静的小巷里，拐角处传出“窸窸窣窣”的声音，一只在冷雨中冻得瑟瑟发抖的小狗蜷缩在墙角。她小心翼翼地把小狗揣在怀里，随口给它起了一个名字，叫“多多”。多多是一只金毛，看样子出生没多久，她想不明白，拥有贵族身份的多多，为什么会被主人丢弃？

回家后的几天里，意志消沉的她每天和多多相伴。然而几天后，她惊奇地发现，这是一只腿有残疾的小狗。“怎么老天这么不公平呢？让我和我的小狗一样失去了追逐梦想的权利！”明媚叹息着。既然已经这样，我已失去自由，梦想破灭，生活对我来说，还有什么意义呢？她甚至想到了死。

她整天心事重重，自暴自弃，除了给多多喂食，几乎不做别的事情，天天坐在轮椅上消磨时光。几天后，多多已经成为明媚生活中不可缺少的一部分。它信任她，虽然也有残疾，但它的意志可不消沉。在她给它做的“家”里，它努力着，想站起来，可是老天似乎在跟它作对，它的三条小细腿哆哆嗦嗦的，刚要成功支起来，却又趴在了地上。她就坐在轮椅上看着多多，只见它不甘地甩了甩头，继续努力尝试站起来。

每当屋外传来狗儿们追逐吵闹的声音，多多总是艰难地爬到屋门口，竖起耳朵，“呜呜”地叫着。似乎是受到天生爱玩的本性召唤，多多每天望着屋外，一次次尝试着站立，一次次地摔倒。她看着它，心一次次地揪着，却又帮不了它。终于有一天，它用三条健全的腿站了起来，站立的时间虽然不长，但这似乎激起了它的信心。明媚就这样一次一次地看着，她的绝望之心也似乎被它带动，慢慢地站起身，试着用那条受伤的腿站立。谁料，一股钻心的疼痛袭来，她手忙脚乱地想去扶一下桌子，慌乱之中，一屁股坐在了地上。她又感到了绝望，躺在冰凉的地上，望着天花板，内心再一次陷入绝望。

多多在那次短暂的站立后，对自己充满了信心，找到了站立的感觉。日复一日，转眼半个月过去了，多多长壮了不少，它终于学会了用三条腿站立，但是想走路可没那么容易，一次次刚迈开一条腿，就又因重心不稳摔倒在地。就这样，反反复复，一次次地跌倒，一次次地站立，一次次地迈步，终于有一天，它用三条腿跳跃着冲到了门口。它兴奋地“汪汪”叫着，回头看着明媚，似乎要主人打开房门，让它冲入广阔的户外天地……

多多终于走到户外。每当明媚看到多多在屋外和狗儿们嬉戏，虽然还是不断摔倒，但是兴奋和快乐洋溢在多多的眼中。看着这一切，明媚为多多的努力倍感欣慰。有时候，多多在屋外独自玩耍时，总是时不时地回头往屋里张望，似乎想要明媚陪它一同玩耍。

这时，看着它渴望的眼神，明媚也有一种冲出屋外的冲动。她被多多的坚持不懈打动了，多多为了自己的梦想努力尝试，最终成功了。难道自己连多多也不如吗？想到这些，又激起了她的“雄心壮志”，她双脚踩在地上，那种钻心的疼痛再一次袭来。她强忍着痛苦，小心翼翼地试着用那条受伤的腿走路，摇摇晃晃地，刚迈出一步，腿一哆嗦，又坐在了地上。她的泪水顺着眼眶流了出来，屁股也生疼生疼的，但她并不甘心，再次颤巍巍地站起来，迈开步子，一步，两步，又坐在了地上，然后再咬牙站起来继续……

两个月后，明媚基本上可以迈着小步行走了，虽然还会有些疼，但这已打不倒她。接下来的几个月里，在医生的指导下，借助各种器械的帮助，明媚已经可以行走自如了。但是医生的忠告时刻萦绕在明媚的耳边：“不能做剧烈运动，更不能练芭蕾！”可是芭蕾是她的梦想呀，十几年来的训练不能这样放弃。“我一定要重新站在舞台上！”明媚暗暗下定决心。

从每天的热身训练开始，下腰、压腿、跳跃，每当穿上舞鞋，她总要忍着钻心的疼痛，仿佛孙悟空头上的紧箍咒，尖尖的舞鞋挤压着曾经受伤的脚趾，一次次从雪白的舞鞋上渗出殷红的鲜血。这时多多总是围在她的周围，摇着尾巴，用热乎乎的舌头舔着她的脚，似乎在给她无限的鼓舞和关爱。终于有一天，她可以足尖站立了，可以旋转了……

盛大的舞台上，闪耀着七彩光芒，明媚在舞台上踮着脚旋转着，纤细的腰肢摆动着，犹如一只美丽的白天鹅。舒展的动作、柔软的身体、优秀的基本功和丰富的舞台表现力，让一个个评委鼓掌叫好。最终，她以全国第一名的成绩站在领奖台上。当记者问她此刻最想说的话是什么时，她告诉记者："我要感谢多多！"

本文获得"东方少年 中国梦"第二届新创意中小学生作文大赛文学创作组"铜牌小作家奖"

点评

这篇小说写得很好，语言平缓，叙述也不张扬，用的是女孩子的视角，讲述的是爱跳芭蕾的女孩明媚和一只小狗多多的故事。明媚练了十多年，正准备登上舞台一展舞姿，却因意外事故受伤，不能直立行走，只能在轮椅里养伤，这是多大的打击！但她收养的瘸腿小狗多多努力学步，让她受到鼓舞，她也开始锻炼、练习，坚持不懈，终于从轮椅走上了舞台，实现了自己的舞蹈梦。这篇小说可以说是一篇真正意义上的成长小说。女孩明媚从受伤到走上舞台，像白天鹅一样跳着芭蕾，是一次生命的成长，也是一次精神的成长。

我有一块魔法橡皮

吕兆恩

我有一块魔法橡皮
我用它擦掉大漠流沙
种花养树，修直道路
让骆驼回家安享晚年

我用它擦掉雾霾
让星星听见青蛙歌唱
让太阳的金发牵着我们跳舞

我用它擦干净人们的皮肤
让所有人拥有同一种肤色
没有歧视，亲如兄弟

我用它擦掉各国边界
没有围墙，没有杀戮
世界人民亲如一家

我有一块魔法橡皮
我用它擦掉不喜欢的一切
都做地球妈妈的乖孩子

点评

主编《少年诗刊》的金本老师打来电话，请我给三位小诗人的诗做一个点评。就是这首诗以及后面两首。第一首《我有一块魔法橡皮》，语言朴素、情感真挚，是这样写的："我有一块魔法橡皮 / 我用它擦掉大漠流沙 / 种花养树，修直道路 / 让骆驼回家安度晚年……"这是一首表达愿望的小诗，"我有一块魔法橡皮"是孩子的想象，也是孩子的愿望，孩子希望有了这块魔法橡皮以后，就可以做自己想做的事。这首诗共五节，写的就是小诗人的几个愿望，也是一个善良的孩子的梦想。所以，在"魔法橡皮"这个意象里，有孩子的梦想，有孩子的希望，有孩子的期待。这样一块带着梦想与希望的魔法橡皮，一定会带给读者爱与力量。

眼泪的颜色

赵泽溪

眼泪到底是什么颜色
我去问妈妈
妈妈说眼泪是无色的
无色是什么色
妈妈忙着干活不再理我

我去找小鸭
小鸭正在找妈妈
急得眼泪都出来了
我看见了小鸭的眼泪
是黄色的

我去找小黑狗

小黑狗晒着太阳

正不住的打哈欠

眼泪顺着眼角流了出来

哇，小黑狗的眼泪是黑色的

我去找小白猫

小白猫眼里飞进了一只蛾子

正不住地用爪子挠

眼泪掉下一串串

哇，小白猫的眼泪是白色的

看完这些

我似乎明白了

原来妈妈口中的无色

就是无色不有啊

点评

第二首《眼泪的颜色》，一读诗题就觉得很有意思。眼泪有什么颜色呢？好好想一想，这是一个能引起好奇的诗题，是一个含有意象美的诗题。好的诗题是成功的一半，从题目开始，我就对诗人有了好感。再来读这五节诗，发现对于眼泪的眼色是什么这个提问，有了很好的答案，而且小鸭、小黑狗和小白猫眼泪的颜色还各不相同。这是很有意思的想象，要是有哪位读者较真，说：“这样来描述小动物眼泪的颜色，符合科学吗？”这样一问，就没劲了，至少没有了童心，缺乏了诗心。孩子有时候就爱问“眼泪到底是什么颜色的”这样的问题，而且自己会去观察和发现，然后找到答案。这个答案准确不准确并不重要，只要孩子把自己的好奇心表达出来了就好。所以这首诗的美妙之处，就在于它写出了孩子的好奇心。

奇妙大自然

王紫伊

大自然是一个神奇的画家
他画出春姑娘
为春天带来一番新绿
大自然是一位有名的歌唱家
一旦他把顽皮的风宝宝放出来
铃铛就笑了
乐呵呵地唱歌
大自然是一位神奇的魔术师
他把单调无味的枫叶变成五彩枫
一阵风雨来临
一曲狂奔的交响乐
就此上演……

点评

第三首《奇妙的大自然》描绘的是大自然的美妙、奇特，诗里用了描绘的方法，因此画面感很强，属于儿童抒情诗。“大自然是一个神奇的画家 / 他画出春姑娘 / 为春天带来一番新绿 / 大自然是一位有名的歌唱家 / 一旦他把顽皮的风宝宝放出来 / 铃铛就笑了 / 乐呵呵地唱歌……”这首诗一开头并不新鲜，把大自然比作画家，很多诗人都用过这样的比喻，都这样拟人过。但读到后面的诗句，感觉越来越妙，很有趣味，也很快乐，甚至有种美妙的感觉。于是，诗题里的“奇妙”两个字，就被小诗人描绘出来了。

这三位小诗人的诗还有点语文课的痕迹和感觉，想象力也还没有自然充分地放开，从语言和修辞都带着课本诗的特点。可能是语文老师课堂引导的问题，或者说写儿童诗的时候还不够放松。童心和趣味是儿童诗最好的品质，尤其是在小诗人写诗的时候，这两点如果淡了，诗味也就淡了。因此，期待三位小诗人继续努力，写出更出色的小诗来。

夜游秦淮河

曾立晨

读到杜牧《泊秦淮》的诗句“烟笼寒水月笼纱，夜泊秦淮近酒家”，我想起今年暑假，我和同学一起夜游秦淮河时看见的美丽风光。

秦淮河是南京一处特别的景点，游人很多。我们排队买好了船票，就上了秦淮河的画舫。画舫古色古香，富有唐宋气韵，光洁的红漆木椅整齐地排列在船舱里，两边是雕镂颇细的窗户，坐在画舫里，犹如走进了诗人杜牧所见的唐朝的风景里。

画舫缓缓地开动了，向文源桥方向行驶。透过画舫的窗户，我观赏着窗外的景色。河面不是很宽，沿岸满目都是仿明清的徽派建筑，白壁、青瓦、马头墙，给人恍如隔世的情调。两岸那多姿多彩的灯影，一一呈现在眼前，来来往往的画舫不少，船头激起阵阵细浪。清风扑面而来，让我很快就忘记了白天的炎热，感受到一阵怡人的清凉。

秦淮河的桥不少，河道上不时就冒出一座来。画舫每经过一座桥，船上的广播就开始讲述桥的历史。我认真地听着，不禁惊讶——原来，这些小桥都有着各自的故事。过了文源桥，我们的画舫就右转进入了白鹭洲公园，河的两岸有很多灯和雕塑，画着与秦淮河有关的历史人物，既美观又有历史感。

经过半青桥后，画舫就往回走了。我才刚刚沉浸在秦淮河的历史里，难道行程就要结束了？不舍间，画舫已经回到了之前拐弯的地方，不过这次画舫是往右拐，我们回到秦淮河主河道上继续往前走。我翻阅了随身带的介绍南京的书籍，了解到，秦淮河是南京的母亲河，它的河道岔路很多，覆盖了整个南京古城。可以想象，作为六朝古都的南京曾经的繁华，王、谢两大家族在此安家，更是增添了它的名气。但随着时间的流逝，王、谢家族败落了，南京也数次陷入战火之中，再也难以恢复昔日的繁华。“旧时王谢堂前燕，飞入寻常百姓家。”刘禹锡的《乌衣巷》感叹的正是王、谢两家曾经的繁荣和今天的衰败。

秦淮河，既是一条河，也曾是一座江南古镇。它以特色美食以及小桥流水出名，但是“水不在深，有龙则灵”，一条秦淮河流淌了千百年，含蕴着讲不完的故事。像秦淮河这样的景色与历史结合在一起的景点，才是值得观赏和品味的最美风景。

点评

这篇游记写得很好，对乘坐画舫游秦淮河的所见、所闻、所想、所感都有细致观察，并用文字准确描述出来，可以看出小作者的观察能力和文字表达能力都很强，而且还能引用历史典故，很有文采。题为“夜游秦淮河”，除了灯光，文章中如果能再点一下“夜”游的特色，就更好了。

第三篇
爸爸的作文

教作文的人，最好自己也会写。过去，语文教育界强调语文老师要写“下水作文”，就是这个意思。如果语文老师会写“下水作文”，和学生一道写，并敢于把自己的作文拿出来与学生分享，效果肯定不一样。

依我个人的经验，家长可以和孩子一起写作文。小学生低年级写话都很简单，父母和孩子一起写话，是对孩子的鼓励。到了中高年级，要写作文了，父母也可以和孩子一起写作文。写几次之后，经过练习，父母的作文能力会大大提高。而且和孩子一起写，父母会很快乐，能够赢得孩子的信任。

这些年，我经常和孩子写同题作文。这里是几篇我写给女儿看的作文，还有应邀给别的孩子写的作文，权当示范，即使不如孩子，也很有意思。

敞开心扉的话

一位同事是法学教授，一天晚上，他发邮件给我，请我给他女儿写一篇示范作文。作文要求是这样的：

以《打开心扉》或《心扉》为题，写一篇 800 字的作文，写成记叙文。

我以他女儿的口吻用 20 分钟写了如下短文，发给这位同事。同事的女儿读了认为很好。

上个学期，爸爸当选为院长了，他到他工作的大学里最大的文法学院做院长。听妈妈说，这个职位很难做，因为学院里有 150 多位老师、1000 多名学生。

我对妈妈说："我们应该为爸爸高兴呀。"没想到妈妈略带不满地对我说："高兴什么呀，到时候你就知道了。"

果然，从上学期到这学期，差不多一年了，爸爸几乎每天都不按时回家吃晚餐；星期六、星期天爸爸也常不在家，据说要开各种会、要听各种报告，还要处理院里的一些琐事和急事。有一次，爸爸好不容易周末在家，正好我遇到了一些学习上的问题，想问一问爸爸，和他一起商量商量，可是，爸爸竟然很不耐烦地对我说："你自己动动脑筋吧，爸爸忙呢。"说完，就钻进书房，对着电脑进行家庭办公了。我有些不满，也有些好奇，就跑到爸爸身边，发现他果然在为申报硕士点和博士点查资料、填表、发邮件。哼哼，我白了爸爸一眼，离开了爸爸的书房，回到了自己的房间。心想：爸爸忙成这个样子，以后再也不麻烦他了！

最近我的功课很忙，老师布置的作业比较多，周末我也很少有空闲时间，所以和爸爸很少聊天。爸爸呢，照样忙得顾不上家里，我的作业和试卷他好像好久都没瞅上一眼了。有几次，我因为学习压力比较大，加上学校举行了几次小测试，我想放松放松，很期待爸爸能够抽空陪我去万达看一场电影。可是，我对爸爸说了几次，他总是拖着。我们班的同学差不多都看了动画电影《神偷奶爸 3》，同桌的爸爸妈妈也带她看过，是一部很有趣的电影，我特别希望爸爸能带我去看。可是那个周六，当我对爸爸说："老爸，带我去看《神偷奶爸 3》吧。"爸爸又是一脸无奈，说："爸爸忙呢，你和妈妈去吧。"哼哼，爸爸又没时间陪我们了。这次，我真的有点伤心，只好和妈妈一起去看了。

说实在的，爸爸全身心投入新的工作，我和妈妈还是很支持的，可是如果他老是忙得连轴转，家都不顾了，我还是有意见的。希望爸爸能够平衡好家庭和工作的关系，抽时间和我一起看一场电影、听一次音乐会、聊一聊天。

好啦，就说到这里，希望爸爸能看到我的这篇短文。这是我的牢骚，也是我敞开心扉的话，希望爸爸知道我心里的想法。当然，我更希望爸爸注意身体，我和妈妈爱你！

说纽带

2017年高考前夕，我在家里和大女儿聊天。我对大女儿说："宝贝，马上要高考了，你猜北京会考什么题？"大女儿随口就说："肯定会考和'一带一路'相关的题目。"

听了大女儿的话，我有些惊讶，因为我也想过可能会考这个主题，"一带一路"是2017年各媒体的一个热词。没想到大女儿对热点信息这么敏感。

过了一段时间，高考到了，果然，北京高考语文就考到了"一带一路"。

2017年北京高考大作文题目是二选一：《说纽带》《共和国，我为你拍照》。大作文1是这样的：

> 纽带是能够起联系作用的人或事。人心需要纽带凝聚，力量需要纽带汇集。当今时代，经济全球化的发展、文化的发展、历史的传承、社会的安宁、校园的和谐都需要纽带。请以

“说纽带”为题，写一篇议论文。

要求：观点明确，论据充分，论证合理。

看到作文题，我当即以考生的身份写了一篇高考作文。

纽带，通俗地说，就是联系事物的媒介，也是人与人之间沟通的桥梁。

生活和工作中，人与人之间需要沟通、需要交流；没有沟通、没有交流，就难以互相理解，也难以互相认同。人与人之间缺乏理解和认同，合作自然是一句空话。所以，生活和工作中，要想顺利、安稳、平和、幸福并有收获，就得善于与人交流与合作，并尽可能地建立起与外界的多重联系，把自己的价值最大化。当然，与人交流与合作，靠什么？也就是说，需要什么纽带呢？我个人觉得，可以靠朋友牵线搭桥，靠老师的无私帮助，靠同事的诚意合作，靠其他力量的推进……但最好的纽带，是建立起与他人的信任。信任是最好的纽带，它能把不同行业、不同性别、不同文化背景的人紧紧地联结起来，形成一股强大的力量，能做很多事，能创造难以想象的奇迹。

现在，我们处在一个全球化时代。全球化时代是一个以电子媒介为纽带的时代，电视、网络和新媒体把地球上不同国家、不同民族、不同文化的人都连接在一起，人们可以在地球的不同地点共享相同的信息。因此，在全球化时代，有人说地球是一个“村落”，好像我们每一个人都生活在地球这个村子里，做什么事、说什么话，大家很快就会知道，迅速就家喻户晓。比如，某位总统做了什么事，某个国家爆发了战争，可能当地人还没全知道，其他国家的人已经通过电视和网络都知道了。的确，无论从政治角度看，还是从经济角度看，世界各国之间的联系越来越紧密，地域的、民族的、文化的局限越来越小，人们都在试图打破传统的束缚，进行跨地域、跨文化的交流与合作，建立起相互间的信任。就中国而言，改革开放以来，国际交往日益增多，在亚洲、欧美和非洲等世界各地都广交朋友、扩大贸易，加强文化互信，政治、经济和军事实力大增，成为一个真正意义上的政治大国和经济大国。

古代的丝绸之路，就是联系中国和亚欧的一个纽带，它让东方古国的文明与亚洲古国、欧洲古国的文明联系起来，改变了世界，促进了人类的文明与发展。“一带一路”是当今的纽带，它将把现代中国与亚洲、欧洲再一次紧密连接，促进彼此人员往来、经济交流和文化互信，并给相关国家提供诸多发展的机遇。“一带一路”不但意味着再造陆上丝绸之路，还要再造海上丝绸之路，这是对千年文化的传承，也是对现代世界的打通。“一带一路”是一个了不起的纽带，它符合世界的潮流，将促进中华的伟大复兴，也必将给世界和平与稳定带来希望，是一个伟大的决策。

总之，人与人之间、民族与民族之间、国家与国家之间，都需要互相交流与合作，不要忽视了纽带的作用。

新时代新青年

——谈在祖国发展中的成长

2018年高考前两天，我在微信朋友圈里调侃说，明天我来押一下高考作文题。6月6日，我在微信里这样写道：

明天高考，猜作文题目可能会涉及四个主题：一是“一带一路”；二是新时代；三是生态环保；四是人工智能。恢复高考以来，作文出题一直是两个方向：一是紧跟政治、紧跟时代；二是表现自我、有点抖小机灵小聪明。

我的话说得有些粗糙和直爽，但第二中午，网络媒体上就发出了2018年北京高考作文题，是这样的：

从下面两个题目中任选一题，按要求作答。不少于700字。将题目抄在答题卡上。

①今天，众多2000年出生的同学走进高考考场。18年过

去了，祖国在不断发展，大家也成长为青年。

请以“新时代新青年——谈在祖国发展中成长”为题，写一篇议论文。

要求：观点明确，论据恰当充实，论证合理。

②生态文明建设关乎中华民族的永续发展，优美生态环境是每一个中国人的期盼。

请你展开想象，以“绿水青山图”为题，写一篇记叙文，形象生动地展现出人与自然和谐相处的美好图景。

要求：立意积极向上，叙事符合逻辑；时间、地点、人物、叙事人称自定；有细节，有描写。

看到以上内容，我非常高兴，果然，又猜中了高考作文题，而且还猜得很准。

下面是我试写的一篇高考作文。

今年是改革开放四十周年，也是党的十九大之后的开局之年，我们身处一个新时代，中华民族的伟大复兴使命摆在我们面前。而高考也让我们站在一个新的发展起点上。可以说，我们每一个人都面临着新的选择和挑战，也面临着很多发展的机遇。如何站在新时代的潮头，摆正自己的位置，找到自己的方向，走好成长之路，实现自己的梦想，是我们这一代青年需要认真思考的课题。

我个人认为，要不辱使命，做新时代的新青年，在祖国发展中健康成长，应该正确看待三个问题：

第一，要正确看待个人与家庭的关系。高考结束，我们就从中学走到了大学，这是人生的一个转折点，也是成长的新起点。离开了高中校园，跨进大学门槛，表面上只是不用去应付各种模拟考试，不用去为填写一个合适的志愿而煞费脑筋，实际上，上大学是走向独立自主的重要一步，是完成生命成长的关键环节。因此，在大学里，如何学会自主学习、自主探索、选准专业方向，不再过分依赖父母，不再留恋家庭的呵护，学会过真正的集体生活，才是生命成长的一个标志。

第二，要正确看待个人与集体的关系。个人是集体的一员，集体是个人的组合，个人与集体之间有紧密的联系。进步成长的一个重要标志就是独立自主，但这并不意味着脱离集体。处理好个人与集体的关系，就是要把自己放到集体中去，在集体中寻找自己的位置，找到自己的方向。上了大学，过的是集体生活，将来走到工作岗位上，过的也是集体生活。在集体里生活和工作，要有团队意识，要善于与人合作，要敢于承担责任，还要乐于奉献。独木不成林，做不到这一点，个人的理想和抱负是很难实现的。

第三，要正确看待个人与国家的关系。我们每个人都是国家的一员，即我们都是公民，因此，要树立公民意识，要有公民的责任和担当。公民要遵纪守法，要讲公德、讲奉献、讲信任、讲道义、讲爱国。坚持和树立社会主义核心价值观，就要把个人的发展与国家的命运结合起来。因此，无论是在学习上还是在工作中，我们都要把握方向，顾全大局，努力奋斗，求实创新。

诚然，在新时代，面对新任务和新挑战，我们不但要注意找准个人的位置，更要以切实的行动参与到祖国的发展建设之中。做天之骄子固然幸运，做新时代的新青年，听从祖国的召唤，在奋斗中进步成长，才是个人最大的荣耀。

在 乎

曾立晨小侄的父亲曾军是我的同事，一位了不起的文艺学教授。前些日子，曾军教授把立晨的两篇作文发给我，我认真读了，因为杂事迟复了。过了十来天，我也写了一篇《在乎》，算是和他同题作文，写完后发给他看看。我对立晨小侄说：写作文，要把话说清楚、说流利，把观点和想法表达得清晰一些，结尾再稍微提升一下，把态度表达得更明确、更积极一些，这样就好了。

在乎，在英语里叫“care for”，也可以叫“care about”。中文里，这个词的意思是：对某一件事或问题很在意，或者，对某一个人很在意、很重视、很关注。

说到在乎，爸爸妈妈很在乎孩子的成绩，生怕考试没考好，排名靠后，将来考不上好学校。老师也特别在乎成绩，生怕学生考试掉队，影响了班级的荣誉。说实在话，我也很在乎自己的成绩。每次临近考试，我的心都特别紧张，即使复习得比较充分，也总怕考试出现意外，尤其害怕老师出的试卷里有偏冷的题目。有一次数学期中考试，我心里蛮有把握的，可是试卷发下来，我就懵了，因为有两道大题挺难的，我一时想不起来怎么做，题型也没有练习过，所以心里很犯怵。幸亏我心理素质比较好，很快镇静下来，我想呀想，终于在考试结束铃声响起前顺利地答完了题。那次数学考试我出了一身汗。当然，后来我让爸爸帮我买了几本数学练习题，周末又反复做了几遍，对各种题型都有了思想准备，就不再害怕了。

学生对成绩很在乎，因为它是评价我们学习效果的一个最重要的标准。但我在乎成绩，也和爸爸妈妈的压力有关，特别是妈妈，她对我的学习一向要求高，爸爸也希望我考上一所好高中。不过，我觉得爸爸妈妈和老师们有时也要在乎我们的精神状态，在给我们压力的同时，不要忘记给我们舒缓神经的时间和机会。在学校的课堂上，我希望老师能够充分利用课堂，把最有效的知识传授给我们；周末时，我希望老师能够尽量少布置一些作业，尤其是那些重复性练习题，做多了容易让我们对学习产生厌倦。在家里，我希望爸爸妈妈多给我一些放松的时间，让我有点运动或者发呆的时间，一根弦老是紧绷着，是很容易断的，一根稻草压倒一头骆驼，说的也是这一点。过分的紧张容易导致精神焦虑。所以，老师们和爸爸妈妈在乎我们学习成绩的同时，也要多关心我们的日常学习和生活。

无论如何，老师们和爸爸妈妈对我们的在乎，是一种关心和爱。如果没有爱与关心，他们在乎我们干什么呢？所以，“在乎”这个词里，有很多复杂的内涵。品味“在乎”，我觉得自己要更勤于思考，努力学习，取得优异成绩！

那盏煤油灯

有一次，我看到一个作文题，要求以一个自己熟悉的物件为由头，写一篇600字的作文。我想到了小时候的煤油灯，就写了这篇短文，给大女儿读过，也给读者们读一读。

读小学的时候，村里还没有电灯，晚上要点煤油灯。

记得小时候，特别爱看小人书，晚上在煤油灯底下入神地看，等到小人书读完，鼻孔里都有黑色的煤烟。但我丝毫不觉得难受，也没感觉到煤烟的刺鼻，只是沉浸在书香里，仿佛小人书就是一切。

读中学时，学校里已经有了电灯，但晚自习经常会停电，因此，我们读书、写作业，很多时候也是在煤油灯底下完成的。那时，我们每一个学生都要准备一盏煤油灯，放在教室后的架子上，停电了，就各自端到课桌上。我们点亮灯，然后读书，自习……煤油灯一直陪伴我到高中毕业。

煤油灯的制作很简单，供销社的商店里有专门的煤油灯卖，但农村来的孩子们一般都是自己做，有的用一个墨水瓶做，有的用一个其他的玻璃瓶做。在空瓶子里灌上煤油，再盖上铁盖子，当然盖子上要戳一个孔，用一根小布条或细棉绳穿进去当灯芯，把大部分泡在瓶子里的煤油里，点亮它露在瓶盖上的那一小头，就是一盏亮亮的煤油灯。在没有电灯的年代，农村里几乎家家户户都用煤油灯，在煤油灯下拉家常、在煤油灯下缝补衣服、在煤油灯下炖汤、在煤油灯下给孩子洗澡、在煤油灯下准备年夜饭……煤油灯点亮了山村的夜晚，也点亮了孩子们的梦。

小时候，在煤油灯下，我常常想：什么时候能用上电灯呢？什么时候能过上城里人的生活呢？做赤脚医生的妈妈知道我的想法，就对我说："孩子，好好读书吧，不然，你只有永远在山村里生活。"妈妈的话，我记在心里。我知道，对于一个普通的农村孩子来说，要改变自己的命运，只有努力读书；只有这样，才能走出山村，过上城里人的生活。

后来，村里安装了电灯，家家户户不再用煤油灯了。因为家里盖了新房子，老屋拆了，我家的煤油灯也不见了，但我一直记得小时候点过的那一盏盏煤油灯。

煤油灯，照亮了我的童年，点亮了一个山村孩子的梦想与希望。

种菜的日子

我写了不少回忆童年的短文，起初是写给大女儿看的，后来出版社的编辑约我写书稿，我就把自己写的一些回忆童年的短文搜集起来，编成集子，出版了《有书的日子真好》《童年的月光光》和《乌石塘的孩子》等几本散文，结果很受小读者喜爱，多次再版。这是其中一篇。

童年生活有很多细节、很多体验，一辈子都是难以忘记的。生活在乡村，日子过得虽然清苦，和今天孩子的生活，尤其是城里孩子的生活相差悬殊，但那种童年的快乐，尤其是劳动的收获，很难用笔描述，也是城里孩子无法体验和难以想象的。

俗话说，穷人的孩子早当家。生活在乡村里的孩子，几乎都对这句话有很深的感受。我最早帮家里干活，大概就是五六岁时，那时候我还没上小学，乡村里也没有幼儿园，姐姐已经上了一年级，每天早晨我都要起来去地里帮妈妈摘菜，有时候洗菜、烧饭，有时候还要跟着姐姐去野地里打猪草。妈妈一大早要出工，爸爸要出去砍柴或者到地里干两个小时的活，然后喝一大碗红薯粥，接着就要到小学去上班。家里养了两头猪，如果姐姐早晨起来打猪草，我就得待在家里烧火煮饭，还要照看两个弟弟。

后来年龄大了一点，有八九岁了，妈妈又经常带着我到自留地里种菜、浇水、施肥。在我的记忆里，我们家里的四个孩子中，妈妈最喜欢带我去园子里种菜。那时候过的是大集体生活，整个生产队一起种地一起劳动，然后到了年底，根据每个劳动力的工分来分粮食。我们家是半边户，爸爸是公办代课教师，工资非常微薄，根本养活不了四个孩子，因此全靠妈妈在生产队一人干两人的活，来维持这个大家庭的生活。粮食不够，妈妈就充分利用自留地，把地里的果树种好、菜种好、瓜育好，因此，四个小孩子的肚皮也就能够勉强填饱了。我家的自留地有好几块，一是屋前的小片空地，妈妈会用篱笆围起来，种点葱蒜、小青菜和苦瓜、丝瓜之类的。二是离家有一里多地的水塘边，有一大块自留地，那里可以栽几棵橘子树，还可以种各种瓜果蔬菜，一年四季都够吃。妈妈一般是在劳动归家后种菜，或是农闲之时，她会很精心地侍弄自留地里的瓜菜。

妈妈说我心细，而且听话，所以每次去菜地里都会带着我。一般春天时，妈妈总带我去菜地里拔草，南方雨水充足，春分之际整天都是瓢泼大雨，加上气温回升，地里的杂草疯长，所以得常去菜地拔草，不然的话，杂草长过了青菜苗、茄子秧和辣椒苗，那夏天就没有蔬菜吃了。还有西瓜、南瓜、冬瓜、丝瓜和苦瓜等藤苗，如果不除掉它们根下的杂草，肥料就白施了，瓜藤都会发黄，更谈不上开花结果。但清除杂草并不是一件很简单的活，雨水浸泡过的土很松散，拔草用力不能太大，不小心就会连菜苗一起拔掉。另外，在西瓜地里拔草时，不小心就会把西瓜藤给扯断，这样一来，不但会延误西瓜的生长，还可能把整个西瓜秧给伤了。而且除草时还要注意，当杂草紧挨着菜苗时，一定要分辨好哪一根是草秆、哪一根是菜茎，不然的话，就会把菜苗茎拔掉。有好几次，我和妈妈在菜地里拔草时，粗心的小弟弟也来凑热闹，结果把菜苗拔掉不少，当然屁股上少不了挨妈妈的狠揍。

给菜苗浇水施肥也是有讲究的。如果是炎热的夏天，经过了一天的暴晒，甚至是连续几天的烈日烧烤后，菜地里一般都非常干燥，浇水量要大一些，而且肥水要稀，不能太浓，太浓了，肥力重，会把菜给烧死的。如果是春天或秋天，浇水时肥料可以加多一点。如果是冬天，浇水次数就不能太多，但肥料一定要足一些，尽量把肥料浇到菜的底下。小时候，农村里种菜用的都是农家肥，也就是厕所里的尿粪，还有猪圈里的粪肥，也有一部分是烧饭做菜后产生的地灰。一般来说，施肥有两种方式：一是把尿粪用水稀释，浇到菜苗根部，这要讲究浓度适宜，前面说了，太浓了，肥力太强，会烧坏菜苗。二是地灰和粪肥搅拌后，一般是在地里挖一个坑，然后把肥料埋在地里，等过一段时间才在上面种上菜苗。每一次妈妈带我去菜地里，都会跟我讲授一些种菜施肥的诀窍，我都听得很认真、很上心，因此，我在菜地里总是她的得力帮手。

小时候，我很喜爱去自留地里、去菜园子，那是我们孩子的乐园。干活当然辛苦，但菜地里也有很多快乐的体验和可学的知识。比如说，到菜地里捉虫子给我们养的八哥吃，可以带一个空药瓶子，要不了一会儿，就能捉到好些小青虫、小瓢虫，还能挖到很多蚯蚓。再比如说，夏天，菜地里的瓜果成熟了，我们浇完水后，就坐在地里，摘黄瓜、吃西瓜，每次都吃得肚儿圆圆，满头大汗。还有，给南瓜花授粉也是很有技巧的，看见母花开了，就要找一朵公花，把中间的花蕊小心摘出来，然后把它插到母花的花蕊上，再及时给南瓜秧施点肥，要不了多久，就会有一个大南瓜挂在藤蔓上。另外，菜地里有各种小昆虫，可以找到七星瓢虫，可以看到金龟子，还可以捉到萤火虫。

种菜最大的收获，就是认识了很多植物，也认识了很多小昆虫，了解了很多农业知识，还学会了从劳动中获得快乐。从妈妈带着我走进菜园子起，勤劳的种子就播在了我的心田，那时候起，我开始懂得不劳动就不会有收获，一分汗水一分收获；就懂得了一个普通人家的孩子要想获得幸福的生活，就要靠自己的双手，靠勤勉的品格。

第四篇

女儿的作文

大女儿名叫谭扬子，小学就读于北京市石景山区实验小学，她爱读书，从小学起就读了很多世界儿童文学名著，也读了不少少儿报纸杂志上的文章。她读小学时，我就鼓励她多写，而且每次写作文前，先要看看别人怎么写，然后再下笔，我从来不过多地挑她的毛病，尽量让她自己写，写得多了，自然就文从字顺了。而且会让她构思，尽量把语言写得感人一些。

大女儿小学和初中时在多家报纸杂志发表过习作，《东方少年》和《少年儿童故事画报》还专版介绍过她。她作文好，语文学得好，其他课程也很好，2018 年以优异的成绩考入北京师范大学附属实验中学，进了高中理科实验班。这里选几篇她的作文，供小读者参考阅读。

森林乐队

从前，有一只青蛙，特别爱唱歌。每天早上，他都要唱歌给妈妈听。有一天，他突发奇想：要是我能和大家组成一个乐队，那该多好啊！那样，我每天都可以站在荷叶上或池塘边表演。小青蛙把自己的想法告诉了妈妈，妈妈也很赞同，还给小青蛙写了一张告示，贴在了荷塘旁边的柳树上。

过了一会儿，一群小蝌蚪游过来了。看见告示，他们问道："小青蛙，我们可以给你的乐队伴舞吗？"

"当然可以。"小青蛙回答。

过了一会儿，一只小猪走来了。看见告示，他问道："小青蛙，我会吹小号，可以参加你的乐队吗？"

"当然可以。"小青蛙点点头。

过了一会儿，一只小兔跳过来了。看见了告示，她问道："小青蛙，我喜欢拉小提琴，可以参加你的乐队吗？"

"当然可以。"小青蛙微微笑。

小鹿、小熊、小狗……森林里的许多小动物都来了。他们有的打鼓，有的弹吉他，有的拨竖琴，小青蛙都同意他们参加自己的乐队，还邀请他们去家里吃晚餐，共同练习《荷叶与露珠》这首乐曲。

夜晚来了。小伙伴们穿上漂亮的礼服，站在荷塘岸上，开始表演啦！小青蛙的嗓子非常动听，歌声吸引了许多观众。大家都为小青蛙鼓掌喝彩，小松鼠还给小青蛙送来一束鲜花。

从此以后，小青蛙和他的乐队每天晚上都为大家表演，这支乐队的名字就叫森林乐队。

（本文写于小学六年级）

点评

这是谭扬子小学六年级写的，是一个很美的童话：森林里的池塘边，有一个小动物乐队，有美妙的音乐。这就是童话，它让动物像人一样说话、唱歌、交朋友。多写写童话吧，让想象的翅膀飞扬起来。

蹦蹦和乖乖

大森林里有一棵空心大树，里面住着小松鼠乖乖一家。空心大树底下的洞穴里，住着小白兔蹦蹦一家。蹦蹦和乖乖是一对形影不离的好朋友，经常一起拔萝卜、摘松果。

一天，乖乖去蹦蹦家里喝萝卜汤。喝完后，乖乖说：“蹦蹦，你来我们家吃松子饼吧。妈妈早上刚做的，又香又脆，可好吃啦！”

“好呀！”蹦蹦回答道。

他们俩手牵手来到了乖乖家。乖乖的妈妈看见蹦蹦来了，连忙把松子饼端了出来。蹦蹦吃了一块又一块，连声说：“太好吃了！”

吃完松子饼，蹦蹦来到乖乖的房间里，看见乖乖的书桌上有一个瓷娃娃。瓷娃娃有一头金色的披肩发，长着一双大大的眼睛和一张红红的小嘴，样子很漂亮。

“真好看！”蹦蹦夸赞道。

“这是妈妈给我买的。”乖乖自豪地说。

蹦蹦忍不住伸出手来摸瓷娃娃。不知怎么回事，只听“砰”的一声，瓷娃娃掉在地上，摔碎了。

乖乖生气地说："我以后再也不跟你玩了！"接着，她伤心地哭了。

蹦蹦只好回家了。怎么办呢？他不敢告诉妈妈，于是告诉了姐姐，让姐姐帮他想办法。姐姐用自己的钱和蹦蹦的钱买了一个漂亮的瓷娃娃，然后指导蹦蹦写了一封信，把两样东西包好了，放在乖乖家的阳台上。

第二天，乖乖打开窗户，看见阳台上有一个包裹，上面写着"乖乖收"。她打开一看，里面是一个更漂亮的瓷娃娃！还有一封信，信上写着：

乖乖：

对不起，我不是故意打碎你的娃娃的。我送给你一个新娃娃。你要收下，请你原谅我。

蹦蹦

这封信后面还有一个笑脸，乖乖看了很感动。

从此，蹦蹦和乖乖又在一起玩了。

（本文写于小学六年级）

点评

森林的小松鼠和小兔子的故事，写得那么生动，他们像两个孩子，懂得如何交流，懂得如何互相理解，懂得如何为人处世。从这个故事里，我们能够发现孩子的智慧，了解孩子的想法。相信这个故事，对每个人都有启示。

春夏秋冬的对话

一年有四个季节，分别由春姑娘、夏姑娘、秋姑娘和冬姑娘来管理。她们互相合作，让人们感受到了四季的多姿多彩。

可是有一天，春姑娘突然抱怨起来："为什么我只管理春天呀？我觉得一年四季都应该由我来管！"

"这不公平！"夏姑娘和冬姑娘听了，齐声问："为什么呀？"

春姑娘骄傲地说："因为植物和动物都喜爱我。迎春花露出灿烂的笑容，欢迎我的到来；我呼唤沉睡的小草，它们纷纷从泥土里探出头来，露出毛茸茸的小脑袋；我吹拂河边的柳树，柳芽儿一下子染绿了枝条；我摸摸玉兰花的小骨朵，玉兰花便一朵朵洁白如玉，粉色如霞；我跟桃树说句悄悄话，桃花儿挤在枝头争相开放。小燕子飞回来了。小蚂蚁钻出地面，忙忙碌碌地搬东西。小熊睡醒了，开始健身。小松鼠在枝头蹦来蹦去……"

"别说啦，"秋姑娘打断春姑娘的话，不服气地说，"我秋姑娘才最讨人喜欢呢！我走过稻田，成熟饱满的稻谷绽开笑脸，在秋风中上下起伏，好像金色的波浪；我走过高粱地，高粱举起了红色的小火把；我走过果园，石榴笑破了肚子，香蕉笑弯了腰……怎么样？我比你的优点多吧！”

“哼，胡说八道！”春姑娘气得涨红了脸，“一到秋天，树叶就呼啦啦地往下掉，树枝变得光秃秃的，可难看啦！”

“别吵啦！我看呀，还是我最讨人喜欢！”夏姑娘洋洋得意地说，“没有了我，哪儿来的果实呀！秋天成熟的果实，都是在夏天的时候长大的！什么苹果，梨子，桃儿，柿子，橘子……谁离得开我呢！”

“谁喜欢你呀？”秋姑娘反驳道，“你一来，大地就跟着了火似的，热得让大伙儿受不了！知了声嘶力竭地抗议，树叶垂着蔫巴巴的脑袋生气！”

“你……”夏姑娘气得说不出话来。

这时，冬姑娘笑微微地开口了。“你们每个人都很重要，一年四季缺了谁都不行。要是没有春天的小苗，就没有夏天的大树；要是没有夏天悄悄成长的小果子，哪来的秋天沉甸甸的大果实？至于我嘛，我让忙碌了三个季节的植物和动物们休息一下，迎接下一个春天。你们说对不对呀？”

“说得对！咱们别再争吵了，还是每个人管三个月吧！”大伙儿异口同声地说。从此以后，她们再也没有争吵过。

（本文写于小学六年级）

点评

这是一个童话，语言很活泼，形象也很可爱，春夏秋冬的对话风趣并富有寓意。写童话不但要构思好，还要有思想、有哲理，这篇童话，就有诗歌和寓言之美。

未来的课桌

每天上学，我们都离不开一个“好朋友”——我们的课桌。可是现在，课桌太方正、太难看，看着课桌，让人一点学习兴趣都没有了。我长大以后，要设计一种小朋友们都喜欢的课桌。

这种课桌的侧面有两个转轮。一个转轮是控制课桌颜色的，如果你今天心情好，那就转一下转轮，让课桌变成黄色；如果你喜欢粉色，那就再转一下转轮。第二个转轮是控制课桌形状的，有心形、梨形、苹果形、花形……总之，只要是你能想出来的形状，它都能变出来。

未来的课桌不仅颜色和形状可以变化，而且还有很多功能呢！

课桌的最前面有一个出口，每天，小主人把老师布置的作业写在出口旁边的小屏幕上，课桌里面的机器就会自动扫描所有书本，把写作业需要用的书本都从出口里吐出来。这样一来，同学们就不会因为费劲地找书本而浪费太多的时间了。

课桌的前方有一个小喇叭，下面有一个微型的摄像头。要是小主人写字的姿态不对，小喇叭就会马上用很小的声音告诉小主人：“写字姿势不对，头抬高，背挺直！”考试时，小喇叭和摄像头就会大显身手了。只要同学抄答案，被微型摄像头录下来了，小喇叭就会立即报告：“老师，快来呀！他（她）抄袭！”这样一来，考试时就没有同学敢抄袭了。

课桌还能自动清洁卫生。每当下课铃声一响，课桌侧面就会伸出一个小吸尘器，把地面上和课桌上的垃圾吸走。接着，桌子下面的机器手也会立刻钻出来，帮小主人把下节课需要的学具摆放整齐。

这就是未来的课桌，它能帮助小主人养成一个良好的学习习惯，还能为小主人创造一个既美观又舒适的学习环境。

（本文写于小学六年级）

点评

这是一篇创意作文，作者写出了未来的课桌，描述了它的样子、它的功能、它的价值，给读者很新鲜的感受，富有想象力，也有科学的构思和创意。写作文时，不要只想着按照固定的模式写，练笔时要动脑筋，写出新意来。

梦醒之后

小熊梦梦爱睡觉，每天早晨9点才起床，上学总是迟到。山羊老师想了很多办法帮助他，可是一点儿用也没有。

这一天，梦梦和平时一样睡过头了。等他呼哧呼哧地跑到学校，上课铃早就打过了。山羊老师狠狠地批评了他，还让他写一份检讨。放学时，山羊老师反复叮嘱他："明天一定不能迟到，校长先生要来听课！"小熊记住了老师的话。为了不晚起，他一夜都没有睡觉。

第二天，梦梦总算没有迟到。可是上课的时候，梦梦不停地打哈欠，终于睡着了。山羊老师叹了一口气，继续朗诵课文："这时，小猪遇到了一头熊……"突然，小熊梦梦站了起来，大声说："到！"估计他在睡梦中听见了"熊"字，还以为在点名呢！全班哈哈大笑，梦梦则一脸茫然，他结结巴巴地说道："啊？老师，刚才……不是在叫我吗？"大家笑得更欢了，山羊老师的课没法上了，还被校长先生批了一顿。

为了让梦梦改掉这个坏习惯，山羊老师找到了自己的爸爸——森林大学的教授老山羊。老山羊想出了一个好主意。

第三天，小熊又睡懒觉了，一觉睡到了11点。起床之后，梦梦发现——爸爸妈妈不见了！他急得团团转。就在这时，满脸皱纹的爸爸妈妈拄着拐杖出来了。爸爸说："梦梦啊，你一觉睡了45年，我们都老了。你的同学们也老了。"梦梦大吃一惊，飞一般地冲向学校。同学们都出来了：小猴的淘气劲儿不翼而飞，小兔子的耳朵有气无力地耷拉下来，小猫的尾巴重重地拖在地上……

梦梦要去找山羊老师。同学们悲伤地说："你来得太晚了。山羊老师已经去世了。"

"啊？"梦梦又惊讶又伤心，一屁股坐在地上哭了起来，"呜呜，我错了，我再也不睡懒觉了，我再也不睡懒觉了……"

"真的？"同学们问道。

"嗯！"梦梦点头如捣蒜。

听到梦梦的话，大伙都把面具摘了下来，恢复了原来的模样。梦梦回到家，父母也变回了原样。

从此，梦梦再也没有睡过懒觉。

（本文写于小学六年级）

点评

这个童话可以说是非常有想象力，小熊梦梦爱睡觉，上课老迟到，而且在校长先生来听课时竟然睡着了，闹了笑话。为了让他改正爱睡懒觉的毛病，大家想出了一个绝妙的主意。童话的创意就在这里，想人之所未想，给读者惊喜，这样的童话就是好童话。

我的家，爱运动

我们一家人都爱运动，不管是在社区还是在山上，都可以经常看到我们一家人运动的身影。

“起床了！”大周末，早上才不到七点，怎么就有人要起床了？原来，爸爸在叫醒我和妈妈，我们一家三口要出发去八大处了。夏天清晨的八大处，就像一个美丽活泼的女孩。“吱吱，喳喳！”树上的小鸟向我们打着招呼。“哗啦啦，哗啦啦！”雨后的清泉为我们演奏着优美的华尔兹舞曲。我和爸爸妈妈在小鸟和清泉的歌声中，漫步在森林里。瞧，我看见了什么？一只可爱的灰松鼠，在松树枝上大跳、旋转，陶醉在音乐中。

不一会儿，我们就累得气喘吁吁了。但我们互相鼓励，继续前进，没多久，我们爬到了最高峰七处。回头一看，绿色的山峦尽收眼底，在这美丽的大自然中，我们能不快乐自在吗？

“到了，下车吧！”大家奇怪了，周末的下午又去哪里？猜猜吧！我们一家人又去门头沟龙泉宾馆了，那里可以游泳。“三、二、一！”我们一家在游泳池里比赛游泳呢！我拼命地向前游，终于超过了妈妈，得了第二名！休息过后，我就要开始实施计划了。我连游了 15 个来回，累得瘫在了躺椅上。“我们去室外温泉吧！”我们来到了室外，在一个有遮阳伞的水池里坐下来。凉爽的风轻轻地吹着我的脸，到处都散发着芳草的清香，令人心旷神怡。我伸开胳膊和腿，让紧张了五天的身体放松了下来。多么惬意、愉快的星期天下午呀！

游完泳，泡完温泉，洗完澡后，别以为我们就会休息看电视了。电视和网络对我们一家没有多大的吸引力。傍晚回到家，吃过晚餐，我们一家人喝杯热水，吃点水果，就下楼去散步了。夏天的夜晚格外安静，树叶沙沙，似乎在诉说着什么秘密，社区小湖里的小鱼也不闹了，只有微风吹在湖面拂着柳条，不停地在空中荡漾，好像在为小鱼哼唱着柔和的安眠曲。我们绕着社区快步走完了一圈，便开始慢慢地散步，体会社区里自然夜景的奇妙。

“我们来数星星吧！”我提议着。于是，我们一家人坐在了长凳上，我躺在爸爸的腿上，妈妈倚在爸爸肩上，我们一起数起了天上闪亮的小星星。这是多么温馨和谐的夜晚呀！

爸爸常说，大自然是最美好的，大自然是人类的母亲，所以我们要多多亲近大自然，过绿色的生活、健康的生活。现在，不少人喜欢待在家里看电视、玩电子游戏，不愿意去大自然中做运动、去亲近大自然、去感受大自然的美妙。我周围有不少同学，他们也爱运动，但每次学校体检体重都超标，以至于上体育课都跑不动、跳不远。

我希望我们一家一如既往地爱运动，爱大自然，追求绿色的生活、幸福的生活。

（本文写于小学五年级）

点评

有一次，社区里举行一个家庭讲演活动，女儿讲述了家里的故事，赢得了大家的好评。这是女儿参加社区讲演后写的一篇短文，不是对讲演的记录，却是她对一家人爱运动的很好的描述。

这也是课堂

10月30日，我的小妹妹出生了。

由于寄宿的缘故，时隔五天，我放学回家，与爸爸匆匆去产房才见到她。只见一个细细软软的小东西，浑身还红彤彤的，正睡在妈妈旁边，时不时咕噜咕噜叫几声。她睡得很香。

“小妹很好，不哭不闹，像你小时候一样，产房的人都说她机灵。”爸爸把小妹抱起来，他的脸上闪着幸福的光。小妹醒了，她已经可以睁开眼睛，好奇地转动眼珠，四处看。爸爸不停地跟她说话：

“呦，你看姐姐，姐姐回家喽！姐姐平时寄宿，只有周末才能看到你哟。你看那边，还有个正在睡的小宝贝儿哟……”

我有点无奈：这么小的孩子，脑子还没发育好，为什么不停地跟她说话？爸爸说：“妹妹太小，还不认得这个世界呢，你要不停地跟她说话，向她介绍。”于是他抱起妹妹，继续说着“噢，你是个小天使，上天送我的小天使”了。

没过一会，妹妹“哇”地哭了，妈妈说她饿了，该给她喂奶。这可吓死我了。只见她狠狠地咬住我妈，然后腮帮子一鼓一鼓地，像只小饿狼一样喝奶，喝了好久。看她这副模样，我非常心疼我妈。但我妈却很开心地微笑着，看着她。

过了一会儿，妹妹吃饱了，躺在床上。忽然，她脸憋得通红，两腿乱蹬。妈妈说她拉臭臭了。一旁的阿姨急忙把她抱走去洗屁屁。“哎，刚生下来的小孩，真是没用。吃了睡，睡了拉。”我叹息道。

“怎么能说妹妹没用呢？你小时候也是这么过来的。越长大就越有用了。”听妈妈这么说，我仿佛感到肩上的责任变重了：以前我是小孩，爸爸妈妈都护着我。现在妹妹是小幺，我也得护着她了！

妹妹躺回妈妈床边。她现在心情很好，时不时地冲我吐一下舌头。“她在跟你玩呢！”妈妈说。我也跟她说了几句话，她就一本正经地看着我，似笑非笑。忽然，她眼皮一闭，又睡着了，头靠在妈妈身边。我也笑了，我也觉得她是一个小天使，上天送给我的小天使。

那天在产房里我学到了很多。在妈妈的床边，我和妹妹上了一节课：妹妹学会认识世界，学会爱爸爸妈妈和我；我学会的，也不只是操心一个五天大的小孩吃喝拉撒睡的日常。

我是在目睹一个小生命的快乐成长，我是在学会接纳，学会承担，学会分享！

（本文写于初中三年级）

点评

期中考试，题目是“这也是课堂”，大女儿写的这篇作文，语文老师给了满分，还说感动得哭了。这篇作文也记录了大女儿对刚出生几天的小妹妹的理解与爱，后来在《东方少年》杂志发表，得到了很多读者的好评。

触　动

周六的早晨，我一觉睡到太阳照在被子上。妈妈推开房门，把怀里的妹妹放在了我的床上，说："妈妈去洗衣服，姐姐陪你玩。"

我极不情愿地把头从被窝里探出来，一睁开眼，就看到妹妹的大眼睛一动不动地盯着我看。我从床上爬着坐起来，她的眼睛也顺着我转；我走到床头，她也使劲地抬头，盯着我；我摸摸她的小肉脸，只见她的小"苹果肌"向上一动，嘴一咧，笑了。

"妈妈！"我急忙大喊："妹妹怎么会笑了！"两个月前，妹妹刚出生，她一张嘴就是哭，我还从来没见过她笑哩。我一边想着，一边惊奇地看着她，这时妹妹又笑了。只见她小嘴咧得像切好的小南瓜，眼睛眯成一条小缝，我的心一下子就融化了。我第一次主动把她抱在怀里，妹妹可开心了，"嗷呜——"的一声，伸出两只小手挥呀挥，小脸在我怀里蹭呀蹭。那一刻，我的心触动了——我们俩可是亲姐妹呢。

爸爸妈妈停下手中的活，围在我的床边。爸爸对我说："可能小孩子有一种感觉，她看到你就知道你是她姐姐，知道你和她是一个妈妈奶大的，和你待在一起她很幸福。”妈妈把妹妹从我手中接过来，妹妹还依依不舍地看着我。

晚上，我经过妈妈房间，想去看看妹妹。我轻轻推开门，发现她们躺在床上，妈妈正在给妹妹喂奶。我忍不住走了过去，躺在了妹妹旁边，看着她咕噜咕噜地喝奶，还发出“嘿呀咿呀”的声音，我看得入了迷。我问妈妈：“妈，我小时候也这样吗？”妈妈说：“那当然，不过你小时候可安静了，喝奶从来不发出那么多声音，喝完后立马就睡。”听着妈妈温柔的声音，我的眼眶竟然有些湿润，不是因为我妈妈被抢走了，而是真的感动。那个肉乎乎的小东西贴在我胸前，散发着奶香。“多神奇啊！”我发现妈妈在看我，就说出这么几个字。

妈妈轻轻地提醒我：“小生命就是这样……你悄悄走吧，妹妹好像睡着了。”

我轻轻地走出房间，心里扑通扑通的，好像被什么东西触动了。两个月了，我一直很喜欢妹妹，但今天却第一次感受到我们俩之间有一段情。

我愈发地觉得心慢慢地软了，她好像已经悄悄地爬到我的心里，找了一个大大的空子，躺了进去。

（本文写于初中三年级）

点评

大女儿这篇文章写得感情细腻，把妹妹第一次笑的动作、表情全都写活了，“咧”“眯成”“挥呀挥”“蹭呀蹭”，展示的画面好像就出现在眼前。

“治愈系”之我见

刷题、高考、上大学；毕业、找工作、谈对象；买车买房、生娃养老——90后、00后的人生可一笔勾勒出线条。“再怎么奋斗也成不了马云。”被采访的年轻人这么说。确实，相比那个从零起步、创造奇迹的上一代，如今的青年物质生活是富足了，只是日益攀升的升学、就业压力和房价，以及对复杂人情世故的应酬迎面而来，击垮了不少人单纯的理想。于是他们有了自己的“治愈系”，名曰“佛系”。

佛系是一种看淡一切、回归本真的生活态度：随缘点赞的“佛系朋友圈”、不求效果的“佛系健身”、相互迁就的“佛系恋爱”……金钱名利，不眼红；学业事业，不追求；甚至人间冷暖，不在乎，以“都行、可以、没关系”在凡俗人世“佛”出自我。但人终究是社会性动物，佛系青年的优点是接纳自我，但少在了在社会中对自我价值的追求和实现以及人与人之间的情感关怀。

庄子生活在战国时期，目睹频繁战乱中道德准则的溃败和生命的沦落，他无法用一己之力改善，因此选择远离尘世，视自己与自然为一体；

犬儒派的第欧根尼看透尘世中人们追求物欲时的贪婪可笑，因此衣衫褴褛，住在街边木桶里，享受一方阳光。他们对“治愈系”的选择，世道不同的缘故，未免有些极端。对于当代青年，我认为更有借鉴价值的是苏轼的“治愈系”。

苏轼生于北宋，满腹才华，因与当势者政见不同，几次遭贬、一生大起大落：上，官至翰林学士；下，谪居牛棚之侧。境遇至此，他却没有消极避世。“竹杖芒鞋轻胜马，谁怕？一蓑烟雨任平生。”苏轼的诗句中是对他乐天精神的完美体现：“轻胜马”的自我感觉，是他搏击风雨、笑傲人生的气势；一句“谁怕？”是俏皮背后的坚定，宠辱不惊的坦荡和旷达；“一蓑烟雨任平生”，更是他面对人生坎坷的超然胸襟。苏轼不是没能实现理想，在“黄州惠州儋州”，他耕田种菜、研制美食、享受生活；兴修水利，创办医院、学堂，心系百姓。苏轼是成功地把理想与现实结合在一起的人，他“也无风雨也无晴”的淡然心态后，是豁达胸襟，是他对生活的热情和对人的大爱。

现实生活中，也有不少“治愈系”，他们不过分追求名利，生活淡泊宁静，不为物欲所累，但他们在工作中抱着积极的态度，因此看似消极，其实是生活上的“佛系”风格、工作上的乐观主义。而往往是这些人事业有成，胸怀绝技而不张扬，努力拼搏而不骄傲。

由此可见，所谓“治愈系”，不该是简单的“佛系”：不是懦弱的消极“避世”，而是面对困境的积极乐观；不是将真假善恶看作虚无的“玩世”不恭，而是坚定内心的理想与准则；不是身处尘间的“愤世”嫉俗，而是对人与自然的博爱。如此治愈，在尘世间，慰藉自己心灵，实现自我价值。

（本文写于高中一年级）

点评

这是一篇课堂作文，纯属临场发挥，但语文老师给了一个优秀，还在班上点名表扬。

跋

写作就是未来

在我们周围，因为受到一些误导，很多孩子认为，写作就是为了考试，就是为了实用。写作当然有实用价值，而且会写作的人，能够应付各种与文字有关的考试。

应该说，写作具有实用性这个说法没有错，只是对写作理解得狭隘了一些。

一、写作需要理解文学

文学是语言艺术，当然也是艺术的语言。艺术的语言，既存在于生活中，也呈现在纸上。生活中的语言艺术，一般是口头文学，是民间口耳相传的歌谣和故事。书写在纸上的艺术的语言，就是纸上艺术，所以文学就是一种纸上艺术。诗人、作家写在纸上，并通过纸质报刊和书籍传播的诗歌、小说、散文、戏剧和童话等，都属于纸上的文学。

我们既需要生活中的文学，也需要纸上的文学，因此，阅读是非常重要的。有研究证明，如果没有享受过亲子阅读，幼儿的语言发育会迟缓很多；小学阶段缺乏课外阅读，学语文就会遇到不少困难；中学语文学习如果缺乏经典阅读，底子就会很薄很薄。

阅读是教育的基础，学校里几乎所有课程的教学都是通过阅读来实现的；无论是语文还是数学或者其他课程，每一门课程的学习都是老师和学生一起读懂一本课本，在对课本理解的基础上，进行练习或训练。阅读也是人理解世界和人生最简单、便捷、省钱和有效的方式；对外部生活和世界的理解，并不需要事事亲身实践，读书多了，就可以拓宽视野，增长见识，提高理解。阅读还是一种情感生活，读优秀的诗歌、散文和小说，都是情感的体验，带来的感动、欢喜或悲伤，都是一次次的心灵或精神上的洗礼。

阅读是写作的根基。每一个爱写作的人，都要理解文学写作与经典阅读之间的密切关系，不要轻率地以为写作是天才的行为。这个世界上没有谁一生下来就学富五车，就一通百通。那些所谓的天才，其实就是在阅读和学习的基础上，能够把知识世界和生活世界融会贯通，极具创造力和感染力的人。

二、现代教育与写作

写作曾是古代科举制的一个重要内容。但科举考试里的八股文写作不是现代写作，它看似能力的培养，实则是完全功利性的生存游戏。它不是对人的主体性的释放，而恰恰是对人的束缚。因此，科举八股文写作是对人性的束缚，是对写作的冒犯。我们不要把古代科举考试里的八股文写作当作真正意义上的写作。

写作是人类现代化的结果，也是促使人类更加文明的重要因素。在原始时代，人类会发出言语，但还不会使用语言；后来有了语言，最初的语言非常简单，随着人类文明的进步，逐渐变得丰富。文明人不会只是说，他还要写，要用文字的方式表达自己、描述他人、书写人生、展示世界。所以，对文字的理解和创造，是检验人的现代化程度的一个重要标志。

现代学校教育基于阅读，但发展于写作。如果学生只会读、不会写，那教育的实效就会大打折扣。语文学习不能仅仅停留在读上，还要发展写作的能力。没有好的写作教学效果的语文教育，是不合格的语文教育。

美国华裔数学家丘成桐曾批评过中国基础教育，认为中国学生在基本能力上还很欠缺。丘成桐的批评很尖锐，不好听，但他说的是大实话。他说一个人受教育后的基本能力应该包括三个方面：语言、数学、写作。

语言能力是表达、沟通和交际的能力，它对应于我们的语文学习。数学是理、工、农、医等多个学科的基础。写作则是一切学科学习的基础。

三、人生有很多选择，但写作非常重要

每个人一生都有多种选择。接受大学教育时，有的人选择学医，以后可以做医生，救死扶伤；有的人选择学法律，以后可以做律师，为社会伸张正义；有的人选择学新闻，以后可以做记者，揭示社会真相，反映社会新人新貌；有的人选择学图书管理，以后可以做图书管理员，在知识的宝库里陪伴读者的精神成长；有的人选择学社会学，以后可以做社会学者，进行社会调查，展示社会百态；有的人选择学历史，以后可以做历史学家，以史为鉴，启迪世人；有的人选择学心理学，以后可以做心理咨询师，为人们抚平心理和精神的创伤；有的人选择当兵，紧握钢枪，保家卫国；有的人选择学理工科，实现自己的科学梦；有的人选择学文科，实现自己的文学梦……

无论学什么、选择什么职业，写作都非常重要。

写作不过关，学什么专业、选择什么职业，都会遇到很多困难。

美国耶鲁大学给本科生开了三门写作课，其中有一门，叫“Writing, Writing, and Writing”，译成中文，就叫“写，写，写”。无论我们学什么专业，都要写呀、写呀、写呀！写得越多，越快乐；写得越多，越有信心；写得越多，越有收获！

四、假如你以后学的是文科

我本人学的是文科，读过英语专业，也攻读过中文的硕士、博士学

位，还做过艺术学研究。作为一个文科生，我有一个切身体会，那就是，如果你以后学的是文科，唯一能证明你实力的，就是你的写作能力。

所有的人文社会科学所包含的专业学习，也是最核心的能力，就是写作。

如果你选择中文专业，那中文专业的学习目标主要有两个：一是阅读能力，即文字的理解力；二是写作能力，即文字的创造力。中文专业的学生需要大量阅读经典和文献，在学习经典的基础上，建立自己对文字世界的信任。

当然，中文专业最核心的能力就是文字创造力，即写作能力。读了中文专业，却不会写作，人家会认为你是水货。

五、假如你以后读了中文专业

假如你小学喜欢文学和写作，中学时代也喜欢文学和写作，很可能高中毕业后，你会选择读中文专业，成为一名优秀的中文系学生。

进入中文系学习，你会发现，除了阅读，几乎所有专业学习的环节都与写作有关。

每一次作业是写作，每一次考试答题是写作。

科学论证是写作，论文开题报告是写作。

寒暑假社会实践的调研设计是写作，调研结果的呈现是写作。

活动策划、新闻采访、人物访谈、公众号编辑、主持人串词、编剧是写作。

写诗、写散文、写小说、写童话、写科幻故事是写作；写汇报、写总结、写申请书、写检讨书、写活动回顾和辞职信，都是写作。

会写作是文科专业尤其是中文专业最基本、最核心的能力。

如果你特别喜欢写作，对作文特别感兴趣，也很喜欢写诗、写故事，那么，学习中文专业可能是你最好的选择，因为中文专业的课程都是培育文字的理解力与创造力。学习中文专业，会让你的写作如鱼得水。

六、假如你读的不是文科

如果你以后不打算读文科，不进中文系读书，没关系，写作依然是你最基本的能力，你不能因此而放弃写作的训练。

小学时不会写作，连作文都写不好，升入优质的中学就很难；中学时写作不好，考入优质大学就会受挫，选择自己喜欢的专业也就更难。

小学作文、初中作文、高考作文都有应试的成分，都是考试的内容，但作文不仅仅是应试，它也要检查你的文字表达与转换能力。有的学生平时写日记、写故事很顺利，就是不会写作文，尤其是写不好命题作文，主要原因在于，这个学生没有理解作文真正的目标。记叙文要讲好故事，议论文要表达观点，说明文要准确地描绘、讲述事物。把作文的基本目标理解了，就知道自己应该怎样安排和组装文字了。

平时的自由写作就是很好的练笔，千万不要放弃。当然，从自由写作到高考作文，还需要语言的智慧。

高考作文与文学创作虽然截然不同，却都有创意的方法。此外，高考作文还要考验对生活与时代的理解度。如果一个人除了课本和学校，对外面的世界了解甚少，完全是书呆子一个，想要写出优秀的高考作文就很难。这些年，无论是中考作文还是高考作文，它们的命题都与社会热点和时代潮流有关，都紧扣社会问题，倡导主流价值。因此，理解所处的生活，了解社会，紧跟时代，对写作有百益而无一害。

很多人抱怨作文缺乏创造力，束缚了学生的想象力和思维。记住，与其抱怨作文不好，不如学会写出优秀的作文、创意的作文，把创意作文当作日常写作的一种尝试。写好作文，用创意改变作文，也是做合格学生的一部分。

七、写作就是未来

总之，写作并不只是为了学习，也是为了交流。

文明人最好的交流方式，就是写作，即用朴素真诚或优美秀雅的文字表达与交流。

口头讲故事与写故事是不同文化内涵、不同层次的语言文明。很多人不读书、不接受学校教育，没有受过经典阅读的滋养，也会口头讲故事，但是影响力有限。会写故事，则能影响更多的人，甚至让你的名字千古流芳，在众多的文字里熠熠生辉。

写作是抒发，是表达，是讲述，是倾诉……

写作是自我建构、自我超越，也是自我确认。有的人什么也没留下，却留下了生动、美好、感人的文字，这样的人不但确认了自己，也通过文字得到了别人的确认。

在今天的社会，写作是最省钱的投资，也是最好的投资。

从写好作文到掌握创意写作，是值得去努力的。

对现代人来说，写作就是未来。

谭旭东

2019 年 5 月 12 日母亲节写于北京

图书在版编目（CIP）数据

作文课：让创意改变作文 / 谭旭东著 .—北京：中国人民大学出版社，2019.8

ISBN 978-7-300-27060-9

Ⅰ.①作… Ⅱ.①谭… Ⅲ.①作文课－中小学－教学－参考资料 Ⅳ.①G634.343

中国版本图书馆CIP数据核字(2019)第129770号

作文课：让创意改变作文

谭旭东　著

Zuowenke: Rang Chuangyi Gaibian Zuowen

出版发行	中国人民大学出版社		
社　　址	北京中关村大街31号	**邮政编码**	100080
电　　话	010-62511242（总编室）		010-62511770（质管部）
	010-82501766（邮购部）		010-62514148（门市部）
	010-62515195（发行公司）		010-62515275（盗版举报）
网　　址	http://www.crup.com.cn		
经　　销	新华书店		
印　　刷	天津中印联印务有限公司		
规　　格	170mm×240mm　16开本	**版　　次**	2019年8月第1版
印　　张	13.75　插页2	**印　　次**	2019年8月第1次印刷
字　　数	160 000	**定　　价**	38.00元

人大社青少年写作书目

中国人民大学出版社一直致力于为青少年出版充满创意的写作书，激发孩子的写作思路，让孩子在写作中发现自我、表达自我，同时学习写作技巧，提高写作水平。

写作不只是写作文，它是一种充满想象力的创作，能够极大地拓展人的思维和表达能力，更是一种可以伴随孩子一生的技能。这里有通过画画启发创意思维的《写写画画故事书》，有美国获奖作家系统讲授写作方法与技巧的《写作大冒险》和《小作家手册》，有儿童文学作家带来的《作文课》，有写作大赛名师的课堂再现《丁丁老师创意作文课》……在这里，你能找到孩子喜欢读的写作书。希望人大社写作书不仅能帮孩子学到写作技巧，还能让孩子真正地爱上写作。

书名	作者	出版日期	介绍
《写写画画故事书》（套书五册，赠日记书）	白铅笔	2018 年 7 月	适读年龄：6～9 岁。 孩子的第一套创意写作启蒙书，让孩子创作出属于自己的绘本故事。
《作文课：让创意改变作文》	谭旭东	2019 年 8 月	适读年龄：9～15 岁。 贴近中小学生生活的写作课，教你把创意用到写作中。
《写作大冒险——惊喜不断的创作之旅》	[美] 凯伦·本克	2018 年 10 月	适读年龄：9～18 岁。 来自美国的超酷创意写作书，可以撕、可以写、可以画、可以玩。
《小作家手册——故事在身边》	[美] 维多利亚·汉利	2019 年 2 月	适读年龄：9～18 岁。 获奖作家为你揭开写作的秘密，你也能成为一名真正的小作家。
《丁丁老师创意作文课——教你写出有个性的作文》	丁丁老师	2018 年 10 月	适读年龄：9～12 岁。 写自己、写家人、写游记、写场景、写生活，告别套路，教你写出与众不同的味道。
《丁丁老师创意作文课——教你写出会思考的作文》	丁丁老师	2018 年 10 月	适读年龄：9～12 岁。 写推理、写变形故事、写说明文、写议论文，让你的作文会呼吸，写出自己独特的思考。
《写作魔法书——28 个创意写作练习，让你玩转写作》（修订版）	白铅笔	2019 年 6 月	适读年龄：9～15 岁。 好玩的创意写作练习，你的笔一写就停不下来。写作的魔法就藏在你的脑袋里，快来试一试！
《写作魔法书——让故事飞起来》	[美] 加尔·卡尔森·莱文	2014 年 6 月	适读年龄：9～15 岁。 纽伯利奖获奖作家分享写作秘密，帮你找到绝佳的故事创意。
《写写画画日记书》	白铅笔	即将出版	适读年龄：6～9 岁。 孩子爱画爱写的日记书，有趣的引导创意多多，让孩子爱上写日记。
《成为小作家》	李君	即将出版	适读年龄：9～12 岁。 语文名师手把手教你写作，写出自己独一无二的作品。

书名	作者	出版日期	介绍
《少年未来说》	曹文轩 高秀芹	2019 年 6 月	适读年龄：6～12 岁。 “北大培文杯”全国青少年创意写作大赛优秀作品（第 1 季），展现青少年天马行空的想象力和精妙灵动的文字水平。
《写给未来的自己》	刁克利 高秀芹	2019 年 6 月	适读年龄：10～18 岁。 “北大培文杯”全国青少年英文创意写作大赛优秀作品（第 2 季），用英语展现创意与写作，向未来出发。
《北大清华学长的写作黑科技》	《意林》 编辑部	即将出版	适读年龄：12～18 岁。 北大、清华学长分享自己的写作秘密，四十位高考作文学霸的走心经验谈。
《爱追剧？那你的作文有救了》	郭建华	即将出版	适读年龄：12～18 岁。 电视剧里有门道，藏着作文高分的小秘密。换个角度看电视，既追了剧，又写了作文。